동성애

하나님의 기준에 서라

동성애
하나님의 기준에 서라

초판 1쇄 발행   2016년 9월 10일

지은이   김기동 · 정현영 · 윤치환 · 이용희
             염안섭 · 박만수 · 이 규 · 이태희

펴낸이   박종태
펴낸곳   비전북
출판등록   2011년 2월 22일 제396-2011-000038호

주소   경기도 고양시 일산서구 송산로 499-10(덕이동)
전화   (031)907-3927
팩스   (031)905-3927
이메일   visionbooks@hanmail.net

책임편집   강인구
디자인   참디자인
마케팅   강한덕
관리   정문구, 맹정애, 강지선, 정광석, 안현규
인쇄 및 제본   예림인쇄

공급처   (주)비전북
전화   (031)907-3927
전화   (031)905-3927

ISBN 979-11-86387-22-1 (03230)

동성애

| 하 나 님 의   기 준 에   서 라 |

김기동 정현영 윤치환 이용희
염안섭 박만수 이 규 이태희 공저

동성애, 하나님의 기준에 설 것인가?
세상의 기준에 설 것인가?

비전북

목 차

1장

동성애에 대한 오해들

김기동 목사(천안 중심교회 담임 목사)

동성애에 대한 오해들을 살펴보고 바로잡고자 합니다.

동성애가 유전이라는 오해

내가 신학교에 다닐 때, 기지촌 여성, 동성연애자, 에이즈 감염자들과 공동체생활을 하는 어느 공동체의 대표 목사님이 하는 특강을 들었는데, 동성애가 유전이라는 말을 하였습니다. 그래서 나는 동성애가 유전이고 선천적으로 타고나는 것인 줄 알았다. 그러면서 성경에 대해 이런 의문을 가지게 되었습니다.

'동성애가 유전이라면 하나님이 동성애자도 창조하셨다는 말인데, 그러면 하나님이 동성애자를 만드시고는 레위기 20장 13절 말씀에서 동성연애를 금하신 것은 모순이 아닌가?'

그렇게 하나님에 대해서도, 하나님의 말씀인 성경에 대해서도 의문을 품고 지냈습니다. 그러나 최근에 동성애가 유전이 아니라고 증명이 되었다는 사실을 알고는 이런 의문들이 말끔히 풀렸습니다.

동성애가 유전이라는 주장은 1993년 '해머'라는 동성애자가 Xq28이라는 유전자가 동성애와 관계가 있다고 주장함으로써 전 세계로 확산되었습니다. 그러나 이 연구 결과에 대해 의문을 품었던 '라이스'라는 학자가 문제의 Xq28 유전자를 분석해 본 결과, 이 유전자는 동성애와 전혀 관련이 없다는 것을 밝혀냈습니다. 이에, 동성애가 유전이라고 주장했던 해머가 속한 연구팀이 다시 조직되어 더 많은 사람을 조사한 결과, 2005년에 남성 동성애와 Xq28 유전자는 전혀 상관이 없다고 최종 결론이 내려졌습니다.

결국, 동성애는 유전이 아닙니다. 동성애는 성적 취향일 뿐입니다. 사회가 동성애를 인정해 주고 옹호해 줄수록 동성애는 늘어나게 되어 있고, 동성애를 막고 금지할수록 동성애는 줄어들게 되어 있습니다.

우리는 동성애가 유전이라는 오해 때문에 막연하게 동성애자들에 대해 동정하는 마음을 가지고, 동성연애 행위에 찬동해서는 안 됩니다. 동성애는 유전이 아닙니다.

동성애자들의 인권을 위해서 동성애를 허용해야 한다는 오해

　동성애를 옹호하고 지지하는 것이 과연 동성애자들의 인권을 위하는 길일까요?

　우선, 몇 가지 개념을 정리할 필요가 있습니다. '동성애'라는 것은 레즈비언(lesbian, 여자 동성애자), 게이(gay, 남자 동성애자), 바이섹슈얼(Bisexual, 양성애자), 트렌스젠더(transgender, 성전환자) 이 네 가지를 합쳐서 영어로는 L.G.B.T.라고 하고, 이들을 모두 합하여 동성애자라고 합니다.

　요즘 "성 소수자의 인권을 보장하자"는 말을 자주 듣는데 여기서 성 소수자라는 것은 위에서 말한 L.G.B.T.와 함께, 사디즘(sadism, 상대방을 학대함으로써 성적 만족을 얻는 변태 성욕), 마조히즘(masochism, 상대로부터 학대를 받아야 성적인 만족을 얻는 것), 페티시즘(fetishism, 대상물에 대해 성적 감정을 느끼는 변태 성욕. 예를 들어, 여성의 속옷이나 여성의 소변, 그리고 분비물 등에 성욕을 느끼는 것), 또 소아성애자(이슬람의 창시자 마호메트가 여러 부인을 거느리면서 여섯 살짜리 아이샤와 결혼한 것과 같이, 어린아이들에게 성적으로 끌리는 변태 성욕자), 노인성애자(말 그대로 노인들에게 성적으로 끌리는 것. 할머니를 강간하는 사건들이 이에 해당한다), 동물성애자(브라질 농

촌 출신 남성의 35%가 동물과 성교했다는 충격적인 보도가 있었듯이, 개, 소, 말, 돼지, 닭 등의 동물과 성행위를 하는 변태 성욕자), 그리고 근친상간(近親相姦, 친아버지나 친어머니, 친형제들과 성 관계를 갖는 것)을 말합니다. 성 소수자라는 것은, 이렇게 L.G.B.T와 사디즘, 마조히즘, 페티시즘, 소아성애자, 노인성애자, 동물성애자, 근친상간을 다 포함하는 것입니다.

그러므로 성 소수자의 인권을 존중한다는 것은, 위에서 언급한 변태적인 성행위들도 인정하고 허용한다는 것입니다. 즉, 성 소수자들의 성애를 법적으로 인정한다는 것은 소아성애나 노인성애, 동물성애, 그리고 근친상간 등도 합법적인 것으로 인정해 준다는 의미입니다.

네 살 난 딸아이나 손녀를 변태 성욕자들에게 내 줄 수 있습니까? 친어머니와 아들이 결혼하고, 친아버지와 딸이 결혼하는 것이 정상적인 일입니까? 이것은 비약해서 하는 말이 아닙니다. 성 소수자들의 성애가 합법화되고, 차별금지법이 통과된 나라에서는 이런 일이 실제로 일어나고 있습니다.

이보다 더 위험한 일은, 성 소수자들의 성애를 합법화하고 나면 정상적인 남녀관계에 대한 가치관을 가지고 있는 대다수의 사람들의 주장이 불법이 됩니다. 그리고 변태적인 성애자들이 정상적인 성(性) 가치를 가진 사람들의 인권을 역으로 공격하고 차별하는 세상이 됩니다. 지금 영국이나 미국, 캐나다 등 동성애가 합법화된 나라에서는 이런 역차별이 일어나고 있습니다.

우리는 지금 막연하게 성 소수자들의 인권을 운운하며 그들의 성애를 합법화하려는 움직임에 동조하지만, 만약에 성 소수자들의 성애가 합법이 되면 건강한 성과 건강한 가정을 주장하고 추구하는 대다수의 사람들은 불법자로 처벌을 받게 됩니다.

많은 사람들이 부르짖는 인권은 과연 누구를 위한 인권이며 무엇을 위한 인권입니까? 막연하게 '성 소수자들의 인권을 존중해야지' 하는 생각으로 동성애를 허용하는 일에 동조하고 있다면, 동성애가 합법화되고 난 후에는 틀림없이 절대다수의 정상적인 결혼, 정상적인 성애를 주장하는 사람들이 범법자가 된다는 사실을 명심해야 합니다.

인권(人權)의 사전적인 의미는, '사람이라면 누구나 태어나면서부터 당연히 가지는 기본적 권리'입니다. 여기서 진정한 인권이란 '사람이 사람으로서 가지는 권리'입니다. 소아성애, 근친상간, 동물과의 수간(獸姦)은 사람으로서 해야 할 도리가 아니며 엄밀한 의미에서 인권도 아닙니다.

하나님은 인권에 대해 어떻게 생각하시는가?

창세기 1장에서 창조의 기사를 보면, 하나님은 세상에 사람을 지으셨음을 매우 좋아하시고 기뻐하셨습니다. 뿐만 아니라, 죄로 인해 영벌에 처할 수밖에 없는 사람을 위해, 하나님은 자신의 아들 예수를 속죄제물로 삼아 우리 인류를 구원해 주신 사랑과 은혜의 하나님이십니다. 하나님은 사람을 창조하셨을 뿐 아니라, 사람의 생명가치를 존중해 주시고 기대하시며, 회복해 주시고 살려 주시는 분입니다.

하나님은 성 소수자의 인권을 짓밟는 분이 아닙니다. 오히려 그들을 회복시키시고, 살려 주시고, 구원해 주시는 분입니다. 그러나 살려 주시는 방법은 동성연애 행위를 허용하고 인정해 주는 것이 아니라, 그 죄악에서 벗어나 회개하고 하나님의 창조 섭리, 하나님의 구원의 은총 안으로 들어와 치유 받고 회복되게 하시는 것입니다.

인권은, 인간을 창조하신 하나님의 섭리 아래에 있을 때에 가장 존중받고 그 가치가 최고로 살아납니다. 창조 질서를 깨뜨린 인권은 진정한 인권이 아니며 오히려 생명가치와 인간 존엄의 가치를 파괴하는 방종이 됩니다. 그 예로, 동성 간의 결혼에서 자녀가 생산될 수 있습니까? 동성 결혼은 생명의 대를 끊습니다. 생명가치를 파괴하는 것입니다. 또 근친상간이나 동물과의 수간은 인간 존엄의 가치를 파괴하는 행위입니다.

이처럼, 창조 질서를 깨뜨린 변태적 성애는 인간 스스로의 존엄을 파괴하므로 진정한 의미에서 인권이라 할 수 없습니다. 인권이란 인간이 인간답게 살 권리입니다. 건강한 성애, 건강한 가정, 건강한 사회를 이루기 위해 사람이 사람으로서 마땅히 살아야 할 권리, 사람으로서 마땅히 누려야 할 권리가 인권입니다.

특히 남성 동성연애는 그들 스스로의 인권을 파괴합니다. 2012년 5월 24일, 밥 마샬(Bob Marshall)은 'Politifact Virginia'와의 인터뷰에서 이렇게 말했습니다.

"동성애적 행동은 기대수명을 20년 단축한다(homosexual behavior cuts life expectancy by 20 years)."

또, 전(前) 미국 연방교육부 장관이었던 윌리엄 베네트(William Bennett)는 "남자 동성애자의 기대수명은 43세다"라고 단언하였습니다.

이 외에도, 여러 연구 결과들이 증명하기를 남자 동성애자는 자살과 에이즈 감염 등으로 인하여 평균 수명이 20~30년 이상 단축된다고 보고되고 있습니다. 이렇게 스스로의 생명가치마저도 파괴하는 동성애를 인권이라는 이름으로 부추기는 것이 과연 진정한 인권을 추구하는 일일까요?

동성애자들이 처음에는 호기심이나, 새로운 성적인 탐닉을 위해 동성애를 시작할지 모릅니다. 그러나 그 후에는 처참하게 생명가치가 파괴되어, 결국 자살 등으로 기대수명 43세라는 끔찍한 종말을 맞게 되는 것입니다.

따라서 동성애를 추구하는 것은, 동성애자들 스스로의 인권도 파괴하는 일이고, 또 동성애를 반대하는 대부분의 시민들의 인권까지도 역차별로 공격하는 인권의 함정이라는 사실을 명심해야 할 것입니다.

동성애는 인권을 파괴하는 행위입니다. 동성애자 자신의 인권도 무너뜨릴 뿐 아니라, 동성애를 반대하는 사람들의 인권도 역차별로 공격하는 인권 파괴 행위라 할 수 있습니다.

동성애와 에이즈는 무관하다는 오해

동성애와 에이즈는 실제로 매우 밀접한 관련이 있습니다.

2014년 우리나라 신규 에이즈 감염자의 99.8%가 성 접촉으로 감염되었습니다. 그중에서 남자가 1100명, 여자가 91명으로 남성 에이즈 환자가 절대적으로 많은 92.4%를 차지했습니다. 왜 에이즈 환자의 10명 중 9명이 남자일까요? 또 가출한 남학생의 15.4%가 바텀 알바, 즉 남자에게 항문을 대 주는 항문 아르바이트를 하고 있는데 이로 인해 남자 청소년의 에이즈 감염이 급증하고 있다는 사실을 주목해 볼 필요가 있다.

1999년까지 우리나라 고등학교 교과서에는, "동성애는 에이즈 등 각종 부작용을 일으킨다. 에이즈 예방을 위해서 동성연애자와의 관계를 피해야 한다"라고 기술되어 학생들에게 가르쳐 왔습니다. 그런데 2001년부터 이 부분을 교과서에서 삭제했다. 그러고 나서 나타난 결과는 놀랍게도 15~19세 남자 청소년의 에이즈 감염이 급증했다는 사실입니다.

2000년 이전까지는 청소년 신규 에이즈 감염자가 매년 0~3명 이하였습니다. 그런데 2001년 이후, 즉 고등학교 교과서에서 동성애가 에이즈와 관련이 없다고 가르치고 난 후부터 남자 청소년 에이즈 환자가 급증하였고, 2013년 한 해에만 52명의 신규 청소년 에이즈 환자가 발생했습니다.

이 세 가지 통계는, 남성 간의 동성애가 에이즈와 밀접한 관련이 있다는 사실을 증명해 줍니다. 더 이상 동성애와 에이즈가 관련이 없다는 거짓말을 해서는 안 됩니다. 오히려 2000년도 이전처럼, 에이즈와 동성애가 밀접한 관련이 있다는 사실을 알려 많은 사람 특히 청소년들이 에이즈에 감염되는 것을 막아야 합니다.

우리나라는 이미 누적된 에이즈 환자가 1만 명이 훨씬 넘어선, 에이즈 고위험국가가 되었습니다. 그런데도 에이즈가 동성애와 관련이 없다는 거짓말로 국민을 속이는 것은, 동성애로 인한 에이즈를 부추기려는 수작이자 국가의 기강을 무너뜨리려는 공작으로 밖에 이해되지 않습니다.

이미 미국 등의 국가에서는 동성애와 에이즈가 밀접한 관련이 있다는 사실을 공식적으로 인정하고 있습니다. 2011년 미국 질병관리본부의 통계에 의하면, 13~24세의 젊은 남성 에이즈 감염자 중 무려 94.9%가 남자들 간의 성행위로 감염이 되었다는 결과보고가 있습니다.

다시 한 번 강조합니다. 신규 남성 에이즈 감염자의 94.9%가 남자들 간의 성행위로 감염되었습니다. 우리나라도 예외가 아닙니다. 신규 에이즈 감염자의 92.4%가 남자이며, 에이즈 감염자의 99.8%, 즉 거의 대부분이 성 접촉으로 감염된 것을 보면, 우리나라 또한 남자들 간의 성행위로 에이즈에 감염이 되었다는 사실을 예외 없이 보여 주고 있는 것입니다.

남자들 간의 성행위는 에이즈와 밀접한 관련이 있을 수밖에 없습니다. 왜냐하면 남자들 간의 성행위가 주로 항문으로 이루어지기 때문입니다. 항문에 성기를 넣으면 직장 파열이 오는데, 이때 직장(直腸)에서 피가 나옵니다. 그런데 에이즈는 감염 경로가 'blood to blood'입니다. 즉, '피대 피'로 감염됩니다. 파열된 직장으로 HIV 바이러스가 들어가면, 에이즈에 감염되는 것입니다. 따라서 남자 동성애는 에이즈와 밀접하게 관련될 수밖에 없습니다. 피대 피로 감염되는 에이즈의 특성상, 직장을 찢으면서 하는 성행위는 에이즈에 무방비로 자신의 몸을 대 주는 행위입니다.

뿐만 아니라, 남성 간의 성행위로 늘어난 항문의 괄약근은 한 번 늘어나면 다시는 원래대로 좁혀지지 않습니다. 그래서 늘어난 괄약근으로 인해, 배변이 줄줄 새어 나오는 변실금에 걸리게 됩니다. 많은 남성 동성애자들이 기저귀를 차고 다니는 이유가 변실금 때문입니다. 또 많은 남성 동성애자들이 자살하여 평균 수명이 짧아지는 이유 중의 하나도 변실금으로 인하여 스스로를 비관하기 때문입니다.

동성애로 인한 에이즈 감염과 변실금은 동성애자들의 인권을 처참하게 파괴하며, 이로써 생명까지 포기하게 만드는 비극적인 결말을 가져오게 합니다. 따라서 동성애를 부추기는 것은, 인권을 옹호하는 행위가 아니라 인권을 파괴하는 행위라는 사실을 명심해야 합니다.

이 글을 읽는 청소년과 학부모님들은 결코 에이즈와 동성애가 관련이 없다는 거짓에 속지 않길 바랍니다. 에이즈와 동성애는 밀접한 관련이 있습니다. 우리나라의 질병관리본부는 이 사실을 국민들에게 정직하게 가르쳐야 하고, 교과서에도 이 사실을 분명하게 기술해 올바로 가르쳐서, 더 이상 에이즈 감염자가 급증하는 것을 막아야 하며, 바텀 알바로 인해 남자 청소년 에이즈 감염자가 급증하는 것을 막아야 합니다.

기독교가 동성애자를 혐오한다는 오해

우리 기독교인들은 동성애자에 대한 하나님의 입장을 분명히 정립해야 합니다. 모 신학교에서는 동성애자들의 인권을 위한다는 명분 아래, 동성애를 찬성하고, 옹호하고, 동조하고 있습니다. 신학은 인간의 사변(思辨)에서 나온 신학이 되어서는 안 됩니다. 신학은 철저히 하나님의 말씀인 성경에 기초와 기반을 둔 신학이라야 합니다. 따라서 신학은 "하나님은 무엇이라고 말씀하셨는가?"를 대변하는 신학이 되어야 합니다.

이미 증명하였듯이, 동성애는 유전이 아닙니다. 동성애는 진정한 인권의 추구도 아닙니다. 반면에 동성애는 동성애자들 스스로가 인간답게 살 권리를 파괴하며, 역으로 반(反)동성애자들의 인권을 탄압하는 결과로 이어집니다. 따라서 동성애를 찬성하거나 옹호하거나 동조하는 것은, 인권을 해치는 행위라는 것을 명심해야 합니다. 그러므로 신학교에서는 무분별하게 인권이라는 이름으로 동성애를 동조해서는 안 되며, 성경에서 하나님이 동성애에 대해서 무엇이라고 명하셨는지를 분명하게 짚어 보고 그대로 따르는 것이 진정한 신학자와 신학도들이 해야 할 본분입니다.

레위기 18장 22,23절은 이렇게 기록되어 있습니다.

"너는 여자와 동침함 같이 남자와 동침하지 말라. 이는 가증한 일이니라. 너는 짐승과 교합하여 자기를 더럽히지 말며 여자는 짐승 앞에 서서 그것과 교접하지 말라. 이는 문란한 일이니라."

성경에서 하나님은 분명히 동성애를 하지 말고, 동물과의 수간도 하지 말라고 말씀하셨습니다. 또 로마서 1장 26,27절은 이렇게 말합니다.

　　"이 때문에 하나님께서 그들을 부끄러운 욕심에 내버려 두셨으니 곧 그들의 여자들도 순리대로 쓸 것을 바꾸어 역리로 쓰며 그와 같이 남자들도 순리대로 여자 쓰기를 버리고 서로 향하여 음욕이 불 일듯 하매 남자가 남자와 더불어 부끄러운 일을 행하여 그들의 그릇됨에 상당한 보응을 그들 자신이 받았느니라."

　　위의 27절에서, "남자가 남자와 더불어 부끄러운 일을 행하여 그들의 그릇됨에 상당한 보응을 그들 자신이 받았다"고 했습니다. 이 말씀대로, 남자 동성애자들이 에이즈와 변실금 등의 부작용을 그들 스스로가 받고 있다는 사실을 우리가 보고 있습니다.

　　로마서 1장 32절에서는 이렇게 말합니다.

　　"그들이 이 같은 일을 행하는 자는 사형에 해당한다고 하나님께서 정하심을 알고도 자기들만 행할 뿐 아니라 또한 그런 일을 행하는 자들을 옳다 하느니라."

이 같은 일(동성애)을 행하면 사형(영벌, 하나님의 심판)에 처해진다는 하나님의 정하심을 알고도 자기들 스스로 행할 뿐 아니라, 그런 일을 행하는 자들을 옳다 한다고 했습니다. 지금 세상이 이렇게 돌아가고 있습니다. 동성애를 행할 뿐 아니라, 그것을 옳다고 인정하는 세상이 되고 있습니다. 그것도 신학교에서 교수들과 신학생들이 앞장서서 그러고 있습니다. 신학은 '하나님이 무엇을 말씀하셨는가?'를 고민하며, 하나님의 말씀인 성경을 대변하는 것이어야 합니다. 인간의 사변이 하나님의 말씀을 초월해서는 안됩니다.

우리는 분명한 성경의 원리 아래에서, 첫째로, 동성연애는 행하지도 말아야 하고, 옳다고 해서도 안 되는 죄악임을 명심해야 합니다. 둘째로, 그러나 요한복음 8장에서 간음한 여인을 예수님이 용서해 주신 것처럼, 동성애자들을 포함한 우리 모두는 예수님께 돌아와야 하고 예수님을 통해 죄 사함을 받아야 하며, 다시는 그런 죄를 짓지 말아야 하는, 구원받고 치료받고 회복되어야 할 하나님의 자녀들임을 인정해야 합니다.

기독교는 동성애자들을 혐오하지 않습니다. 다만, 동성연애 행위가 하나님이 금하신 죄악이기에 그것을 반대하는 것이고, 동성애로 인한 에이즈 감염과 인권 파괴, 가정 파괴, 사회 기강의 문란을 막고자 하는 것입니다.

진정으로 동성애자들의 인권을 위한다면 동성애자들의 자유로운 성행위를 조장할 것이 아니라, 그들이 동성애로 인해 에이즈에 노출되고 생명가치가 파괴되어 인생이 비참하게 무너지지 않도록 그들을 동성애로부터 건져내고 동성애를 끊을 수 있도록 도와주어야 합니다. 그리고 근본적으로 호기심 때문에 동성애에 빠지는 사람이 없도록 동성애의 폐해를 정확하게 알려 주고, 동성애를 근절하는 풍토를 조성해야 합니다.

동성애는 동성애자들만의 문제라는 오해

동성애는 동성애자들만의 문제가 아닙니다. 동성애로 인해 사회에는 엄청난 폐해가 동반됩니다. 우리나라의 에이즈 환자는 2014년에 1만 명을 넘어섰습니다. 우리나라는 이미 에이즈 확산 위험 국가가 되었습니다. 이 말은, 누구든 여러 경로를 통해 에이즈에 걸릴 확률이 있는 위험국가가 되었다는 말입니다.

그런데 우리나라의 경우, 에이즈 환자에게 투여하는 에이즈 억제제 비용을 국가가 전액 지원합니다. 수동연세요양병원 염안섭 원장의 보고에 따르면, 국내에서 치료비와 입원비 전액은 물론 간병비까지 지원받는 병은 에이즈밖에 없습니다. 더욱이 매달 600만 원이 드는 항바이러스제 약값과 정기적인 검사비용까지 다 포함해서 무료라는 말입니다. 뿐만 아니라, 국립 A병원에 입원한 에이즈 환자의 경우 1인당 180만 원의 현찰도 지급됩니다.

국가유공자보다 에이즈 환자에게 더 융숭한 대접을 하고 있는 것이 우리나라의 실정입니다.

이상을 종합하면 에이즈 환자 1인 당 연 1억 원의 국민 혈세가 퍼부어지는 셈입니다. 그런데 에이즈 환자가 1만 명을 넘어섰으니 어떻게 되겠습니까? 동성애는 유전병이 아니므로 사회가 옹호하고 조장할수록 더욱 확산되게 되어 있습니다. 그리고 남성 간의 동성애는 에이즈와 밀접한 관련이 있기 때문에, 동성애가 확산될수록 에이즈 환자는 늘어나게 되어 있고, 이로써 천문학적인 국가 예산이 에이즈 환자들의 병치레 비용으로 쏟아지게 되어 있습니다.

이런 사실 앞에서, 어떻게 동성애는 동성애자들만의 문제라고 할 수 있겠습니까? 동성애는 동성애자 개인의 삶 뿐만 아니라, 국가 기강까지도 흔들 수 있는 파괴적인 행위입니다. 누군가 막연하게 동성애에 동조하고 있는 지금 이 시간에도, 어디선가 동성애로 인한 새로운 에이즈 감염자가 생겨나고 있으며, 그로 인한 국가의 막대한 예산이 쏟아 부어지고 있습니다.

결론적으로, 이상의 다섯 가지 오해를 정리하자면, 동성애를 옹호하고 조장하는 것은 여러 측면에서 큰 손실입니다.

첫째로, 동성애는 동성애자 스스로의 인권과 생명을 파괴하는 일입니다. 동성애자들의 기대수명이 20~30년 이상 줄어든다는 사실 자체가 이미 그들의 인권이 파괴된다는 증거입니다. 또 남성 간의 동성애는 에이즈와 밀접한 관련이 있고, 그 행위로 인해 괄약근이 파괴됩니다. 이렇게 비참한 상태로 동성애자들을 내모는 것 자체가 인권유린(人權蹂躪)입니다.

거짓 인권에 속아서는 안 됩니다. 인권을 운운하며 동성애자들을 앞장세워, 사회에 혼란을 주려고 하는 몇몇 정치 세력에 선동당해서는 안 됩니다. 이 불온세력에 의해 동성애가 확산되어서도 안 되고 동성애자들이 희생당해서도 안 되며, 이 사회가 선동당해서도 안 됩니다. 우리 모두 정신 차리고 동성애를 근절하고 동성애자들을 구하는 일에 앞장서야 합니다.

둘째로, 동성애가 합법화될 경우, 반동성애자들이 불법자가 되게 됩니다.

미국의 경우, 동성애에 동조하는 사람들보다 반대하는 사람들이 훨씬 많았음에도 불구하고, 동성애가 연방대법원에서 합법화된 후에는 대다수의 반동성애자들이 오히려 역으로 차별을 당하는 세상이 되어 버렸습니다. 그래서 유치원이나 학교에서 자신의 자녀에게 항문 성교를 가르치는 것을 반대할 수 없고, 목사가 동성애자들의 결혼 주례를 거부할 수도 없고, 동성애자들에게 결혼 케이크를 팔지 않겠다고 하여 엄청난 벌금을 물게 되는 미국의 현실을, 지금 우리 눈으로 보고 있습니다. 이것이 동성애 합법화로 인해 사회의 대다수 사람들에게 가해지는 역차별 공격입니다. 동성애가 합법화가 되는 그때부터, 우리에게도 이런 일이 일어날 것입니다.

끝으로, 동성애로 인한 에이즈의 확산은 국가 재정에 막대한 손실을 끼칩니다.

지금도 천문학적인 금액의 건강보험료가 에이즈 환자들의 억제제 비용으로 지출되고 있습니다. 만약 동성애가 합법화될 경우, 에이즈는 더 확산될 것이고 지금보다 몇 배의 국가 예산이 에이즈 뒤치다꺼리에 쏟아 부어질 것은 뻔합니다.

따라서 우리가 동성애에 대해 마땅히 가져야 할 태도는, 막연히 트랜드라고 해서 혹은 진보적이라고 해서 동성애를 따르거나 옹호하거나 동조해서는 안 됩니다. 그리고 진정으로 동성애자들을 위하고 사랑한다면 동성애를 확산시켜 그들이 에이즈와 변실금 등으로 비참하게 무너지게 할 것이 아니라, 동성연애를 근절하고 동성애자들이 동성애를 벗어나 재활하여 스스로의 인권을 회복할 수 있도록 도와야 합니다.

나아가서, 무너지고 있는 성(性) 윤리와 가정 윤리를 회복하여 건전한 성 문화를 확산하고, 순리적 가정을 통한 생명 출산을 장려하여 건강한 사회와 국가를 만드는 일에 모든 국민이 더욱 매진해야 할 것입니다.

2장

동성애 하나님의 기준에 설 것인가, 세상의 기준에 설 것인가?

정현영 목사(의정부 좋은나무교회)

"여호와께서 내게 이르시되 아모스야 네가 무엇을 보느냐? 내가 대답하되 다림줄이니이다. 주께서 이르시되 내가 다림줄을 내 백성 이스라엘 가운데 두고 다시는 용서하지 아니하리니"(아모스 7:8).

하나님의 평가를 소중히 여길 것인가, 사람들의 평가를 소중히 여길 것인가?

얼마 전, 예전에 함께 신앙생활을 했던 친구와 만나 대화를 나누는데 친구가 나에게 동성애를 어떻게 생각하느냐고 물었습니다. 그래서 저는 "동성애는 적어도 하나님이 보시기에 분명한 죄다"라고 대답했습니다. 그랬더니 그 친구가 "나도 교회에 다녔었지만 기독교인은 너무 독선적인 것 아니냐"라고 말하는 것이었습니다.

세상 사람들은 죄를 죄라고 하는 것을 독선적이라고 말합니다. 더욱이 하나님 말씀에는 죄라고 분명히 말씀하지만 사람들의 생각에는 죄라고 생각하지 않는 것이 있기 때문에 하나님 말씀을 이해하지 못하는 사람들은 그리스도인들이 독선적이라고 생각하는 것입니다. 예를 들면, 세상에서는 술에 취하더라도 사람들에게 피해를 주지 않는 이상 죄가 될 수 없지만 하나님께서는 다른 사람에게 피해를 주지 않더라도 술 취하는 것 자체를 분명히 죄라고 말씀합니다.

세상 사람들은 죄를 바라볼 때 도덕적으로 다른 사람에게 피해가 되는지 안 되는지의 여부로 판단합니다. 세상 사람들은 자신들이 생각할 때에는 동성애자들이 딱히 피해를 주지 않는다고 생각하기 때문에 괜찮다고 보는 관점이 있습니다. 사실 인간적으로 보면 동성애자라고 해서 특별히 나쁜 사람도 혐오스러운 사람도 아닙니다. 오히려 세상은 그들을 지지합니다.

미국의 오바마 대통령이 이런 말을 했습니다.

"미국이 세워진 기본 이념, 즉 모든 사람이 평등하게 창조되었다는 이념은 모든 사람에게 동등하게 적용된다. 그래서 모든 인종, 성별, 종교, 민족 그리고 개인적인 성적 취향 역시 모두 적용된다"고 말하며 모든 사람은 공평하고 평등해야 한다고 말한 것이 기억납니다. 물론 좋은 이야기입니다.

교회에 다니는 사람들 중에도 동성애를 죄로 볼 수 없다고 말하는 사람이 다수 있는 것을 보게 됩니다.

"왜 유독 교회는 동성애에 대해서만 민감한지 모르겠다!"

"동성애자들의 개인적인 취향을 존중해 줘야 하는 것 아닌가?"

"굳이 성적 소수자들인 그들에게 상처를 줄 필요가 있는가? 그들을 정죄하는 것이 더 큰 죄 아닌가?"

"교회 안에 동성애보다 큰 죄들이 더 많지 않은가?"

인본주의적, 도덕적인 관점으로 보면 동성애가 죄가 될 수 없을 수 있습니다. 동성애자도 얼마든지 좋은 사람일 수 있습니다. 이미 세상과 적지 않은 교회들까지 인본적이고 도덕적인 관점으로 동성애를 바라보기 때문에 동성애가 죄라고 말하는 것이 더 이상할 정도로 동성애가 죄라는 것은 그리스도인과 보수적인 생각을 가진 이들의 비상식적인 생각과 말이 되어 버리고 말았습니다.

이미 사회에서는 동성애의 확산과 그들을 인정하기 위한 사회 모든 영역에서의 움직임이 확장되고 있는 것이 대한민국의 현실입니다. 그 대표적인 예가 서울에서 열리는 "퀴어 축제"라고 할 수 있습니다. 그래서 동성애에 대하여 반대하는 교회와 사람은 문화, 인권, 개인의 자유와 행복을 거부하는 사람들과 같이 비춰지는 것 같습니다.

미국의 존 맥아더(John MacArthur) 목사의 설교를 들은 적이 있습니다. 존 맥아더 목사는 동성애에 대한 설교를 하면서 동성 결혼을 지지하는 교회는 사탄에 속해 있는 것이고 이미 세상과 교회는 거짓과 진리와 싸움 중이라고 하였습니다. 그렇습니다. 이미 대한민국도 죄와 진리에 대하여 전쟁 중이라는 사실을 잊어서는 안 됩니다.

우리에게 정말 중요한 진리가 있는데 우리 그리스도인에게 필요한 것은 정치 지도자들이 동성애에 대하여 어떻게 말하는지, 세상의 저명한 학자들과 인본주의적으로 해석하는 신학자들이 동성애를 어떻게 해석하는지, 국가와 사회가 동성애나 동성 결혼을 용인하고 그들의 인권을 어떻게 보호하고 말하는지, 다수의 많은 사람들이 동성애에 대하여 어떻게 생각하고 지지하는가가 하나도 중요하지 않습니다.

우리 그리스도인에게 정말 중요한 것이 무엇입니까? 하나님께서 동성애에 대하여 어떻게 말씀하시고 어떻게 평가하시는가가 중요한 것입니다. 우리가 진리의 싸움을 해야 하는 이유가 무엇이겠습니까?

하나님은 아모스 7장 8절에서 이렇게 말씀하십니다.

"여호와께서 내게 이르시되 아모스야 네가 무엇을 보느냐 내가
대답하되 다림줄이니이다. 주께서 이르시되 내가 다림줄을 내
백성 이스라엘 가운데 두고 다시는 용서하지 아니하리니."

다림줄은 다른 말로 하면 '측량줄'입니다. 다림줄은 건물을 높이
올릴 때 수직으로 바로 섰는가를 살펴보기 위해 추를 달아서 늘어
뜨리는 줄입니다.

즉, 하나님께서 이스라엘 백성들 앞에서 다림줄(측량줄)을 가지고
우리를 지켜보고 계시다는 것입니다. 얼마나 두려운 말씀입니까?

이 말씀은 하나님 말씀의 기준에 합하지 않게 세워진 것은 그것
이 사람이든 경제든 문화든 사회든 국가든 무너지게 되고, 심판을
받게 될 것이라는 정말 두려운 말씀입니다. 따라서 동성애에 대한
평가는 하나님께서 어떻게 평가하시는지보다 중요한 것이 없는 것
입니다.

요한계시록 3장 1-2절을 보면 하나님께서 이렇게 말씀하십니다.

"사데교회의 사자에게 편지하라. 하나님의 일곱 영과 일곱 별을 가지신 이가 이르시되 내가 네 행위를 아노니 네가 살았다 하는 이름은 가졌으나 죽은 자로다. 너는 일깨어 그 남은 바 죽게 된 것을 굳건하게 하라. 내 하나님 앞에 네 행위의 온전한 것을 찾지 못하였노니."

1절에서 사데교회는 주변 지역과 주변 사람들에게 살았다 하는 평가를 받았다고 말씀하고 있습니다.

얼마 전에 인터넷에서 동성애는 죄가 아니라는 뉘앙스의 말씀을 전한 목사의 글에 달린 댓글을 보았습니다. 거기에 달린 댓글은 칭찬 일색입니다. "진짜 사랑이 많으신 목사님이다. 진실하고 살아 있는 목회자다. 이런 목사님이 대한민국에 있어서 희망이 있다"는 내용이었습니다. 그러나 다수의 사람들이 칭찬할지라도 "네 행위의 온전한 것을 찾지 못했으니 너희는 죽은 자다"라고 하신 하나님의 말씀에 집중해야 합니다.

우리 그리스도인들은 사람의 평가를 소중히 여기는 자가 아닙니다. 이처럼 우리가 마지막 시대에 놓치지 말아야 할 진리가 있는데 그것은 하나님이 어떻게 말씀하고 평가하시는가를 아는 영적인 분별력이 있어야 합니다. 영적인 분별력이 없으면 하나님의 길을 알지 못하고, 하나님의 길을 알지 못하면 죄 가운데 빠질 수밖에 없고, 심판을 받을 뿐 아니라 구원을 얻지 못하게 됩니다.

우리는 반드시 하나님 앞에 서게 될 날이 있습니다. 하나님 앞에 서는 날이 없다면, 죄에 대하여 나에게 피해를 주지 않는 한 얼마든지 세상과 사이좋게 살 수 있을 것입니다. 그러나 그때는 내가 어떤 사람들의 말과 평가로 칭찬받고 인정받느냐에 따라 천국과 지옥이 결정되지 않습니다. 천국과 지옥은 오직 하나님의 기준대로, 오직 복음으로 세워진 그리스도인만이 구원을 받아 가게 될 것입니다. 그렇기 때문에 그리스도인들에게는 이 동성애라고 하는 것이 세상 사람들이 어떻게 생각하고 어떻게 말하느냐가 중요한 것이 아닙니다.

실제로 전 세계를 호령하는 강대국, 선진국이 동성 결혼을 지지하고 찬성한다 할지라도, 수많은 사람들이 동성애를 찬성하는 세상의 법들을 만든다 할지라도, 저명한 신학자들이 하나님의 말씀을 떠나 사람들이 듣기 좋게 말씀을 풀어낸다 할지라도 분명히 기억할 것은 "세상이 죄에 대하여 죄가 아니라고 인정할 수 있는 모든 것을 만들어 낸다 할지라도 하나님의 마음과 하나님의 말씀은 절대로 일점일획도 바꾸지 못하고 바뀌지지도 않는다"는 사실입니다. 그렇기 때문에 진리를 붙들고 살아가는 자들은 세상의 죄와 부딪칠 수밖에 없고 핍박을 받을 수밖에 없는 것입니다.

얼마 전에 노르웨이에서 선교를 하시는 한 선교사님의 소식을 들었습니다. 노르웨이에서는 친부모가 자녀에게 교회에 가라고 훈육했다는 이유로 친권과 양육권을 뺏긴 일이 발생했다고 합니다. 또한 선교사님은 이전에는 마음대로 복음을 전하고 말씀을 전할 수 있었지만 지금은 그럴 수 없게 되었다고 하였습니다. 복음을 전하거나 전도를 공개적으로 할 수도 없어 죄를 죄라고 말할 수 없는 벙어리가 될 수밖에 없다고 하셨습니다. 이제는 나가서 전도할 수 없고 그들이 찾아와야만 복음을 전할 수 있다는 충격적인 이야기를 들었습니다.

이제는 유럽뿐 아니라 미국도 마찬가지입니다. 2013년 미연방대법원은 결혼보호법을 위헌으로 판결하였습니다. 그래서 동성애자에 대한 권리가 대폭 신장되었고, 2015년 6월 26일 미연방대법원이 동성 결혼이 합헌이라는 결정을 내림으로써 미국 전역에서 동성 결혼이 합법화되었습니다. 뿐만 아니라 미국에도 혐오범죄 방지법안이 추가되어서 많은 그리스도인들이 어려움을 겪고 있습니다.

오직 예수 그리스도 외에는 구원을 받을 수 없다는 사실을 믿는 복음적 신자들이 벌금을 내거나 처벌을 받는 일이 일어나고 있습니다. 또 로스앤젤레스에 사는 사람이 많이 지나다니는 길거리에서 성경을 소리 내어 읽었다는 이유로 어떤 사람은 처벌을 받았습니다.

다섯 살짜리 자녀들 둔 한 부모는 유치원에서 동성 결혼과 동성 관계에 대해 교육을 받는다는 사실을 알고, 학교에 찾아가서 자신의 아이에게 동성애를 가르치는 것을 원치 않으며 이를 가르치기 전에 미리 학부모에게 통지해 주면 그날은 학교에 보내지 않고 가정학습을 하겠다고 제안하였습니다. 그러자 학교 측에서는 "이것은 통지해야 할 문제가 아니며 학교에서 자유롭게 동성 결혼과 동성 관계에 대해 가르칠 수 있다"고 답변했습니다. 그리고는 그 학부모를 경찰에 신고하여 경찰이 아이의 아버지에게 수갑을 채워 감옥으로 보낸 사건이 있었습니다. 학교가 이렇게 할 수 있었던 이유는 동성애가 매사추세츠 주에서 합법화되었기 때문입니다.

– 美 동성 결혼식 케이크 제작 거부, 벌금 1억 4천만 원.

2015년에 영국에서도 비슷한 사건이 있었는데 맥아서 부부라는 신실한 기독교인도 동성결혼식 케이크 제작을 거부하여 벌금형이 내려진 일이 있습니다.

－美 동성 커플 주례 거부. 180일간의 징역 및 매일 1,000달러씩의 벌금형을
받은 목회자.

　미국 아이다호 주는 목사에게 동성 결혼 주례를 하든지 아니면
감옥에 가라고 판결하였습니다. 어느 동성 커플이 냅 목사 부부에
게 주례를 부탁하러 왔지만 냅 목사는 정중히 거절했습니다. 냅 목
사 부부는 이제 180일의 징역과 매일 천 달러씩의 벌금을 그들의 동
성 결혼을 주례할 때까지 물게 되었습니다.
　이것이 대한민국 교회와 성도가 앞두고 있는 전쟁이고, 이 전쟁은
진리와의 전쟁인 것입니다. 이 진리와의 전쟁에서 한국 교회와 성도
들이 지거나 물러서게 된다면 구원은 오직 예수 그리스도에게만 있
다는 것을 어떻게 말하겠으며, 우리가 어떻게 밖으로 나가서 복음을
마음껏 전하고 어떻게 하나님의 말씀이 진리라고 말할 수 있겠습니
까? 진리 안에 살기를 원하는 교회와 목회자와 성도라면 한국 교회
는 앞으로 마치 북한의 지하 교회와 같은 모습으로 바뀔 것입니다.
　그렇다면 성경은 동성애와 동성 결혼에 대하여 뭐라고 말합니까?

"동성애가 왜 죄인가?"

세상 사람들은 이렇게 말합니다. 그리고 이렇게 반문할 수 있습니다.

"기독교인은 죄가 없나?"

"너희 크리스천들에게는 성적인 타락이 없는가?"

"꼭 동성애만 죄인가?"

물론 그들의 말처럼 우리들 역시 하나님 앞에 죄인임에 틀림이 없습니다. 그러나 정말 중요한 것은 나의 죄를 해결 받아야 한다는 것입니다. 잊지 말아야 합니다! 죄는 모두 하나님의 기준 안에서 보아야 해결 받을 수 있다는 사실을 말입니다.

사도 바울은 죄에 대하여 무엇이라고 하였습니까?

"모든 사람이 죄를 범하였으매 하나님의 영광에 이르지 못하더니"(롬 3:23).

바울은 죄로 인하여 하나님의 영광에 이르지 못한다고 말하고 있습니다. 동성애만 더 큰 죄인 것처럼 말하는 것이 아닙니다. 사실 성경에 기록된 시대적인 심판들에는 어떤 한 가지 죄만 드러나는 것이 아니라 모든 죄들이 한꺼번에 드러나고 모든 진리가 무너지는 것을 볼 수 있습니다. 성적인 타락과 동성애도 한 부분일 수 있습니다. 성경은 모든 죄는 하나님의 영광에 이르지 못한다고 분명히 말씀하고 있습니다. 그러하기에 동성애와 동성 결혼에 대한 하나님의 판단과 평가는 정말로 중요합니다.

성경은 동성애에 대하여 어떻게 말할까요?

첫 번째는, 동성애는 창조 질서에 어긋나는 죄라고 말합니다.

많은 사람들이 결혼제도는 인간이 만든 제도라고 생각하지만 그렇지 않습니다. 성경은 결혼에 대하여 창조주 하나님께서 제정하신 제도임을 분명히 말하고 있습니다.

"하나님이 자기 형상 곧 하나님의 형상대로 사람을 창조하시되 남자와 여자를 창조하시고 하나님이 그들에게 복을 주시며 하나님이 그들에게 이르시되 생육하고 번성하여 땅에 충만하라, 땅을 정복하라, 바다의 물고기와 하늘의 새와 땅에 움직이는 모든 생물을 다스리라 하시니라"(창 1:27, 28).

창세기 1장 27, 28절은 하나님께서 자기 형상대로 남자와 여자를 창조하셨고 그들에게 복을 주어 생육하고 번성하게 하셨다고 말씀합니다.

"여호와 하나님이 이르시되 사람이 혼자 사는 것이 좋지 아니하니 내가 그를 위하여 돕는 배필을 지으리라 하시니라. 여호와 하나님이 흙으로 각종 들짐승과 공중의 각종 새를 지으시고 아담이 무엇이라고 부르나 보시려고 그것들을 그에게로 이끌어 가시니 아담이 각 생물을 부르는 것이 곧 그 이름이 되었더라. 아담이 모든 가축과 공중의 새와 들의 모든 짐승에게 이름을 주니라. 아담이 돕는 배필이 없으므로 여호와 하나님이 아담을 깊이 잠들게 하시니 잠들매 그가 그 갈빗대 하나를 취하고 살로 대신 채우시고 여호와 하나님이 아담에게서 취하신 그 갈빗대로 여자를 만드시고 그를 아담에게로 이끌어 오시니 아담이 이르되 이는 내 뼈 중의 뼈요 살 중의 살이라. 이것을 남자에게서 취하였은즉 여자라 부르리라 하니라. 이러므로 남자가 부모를 떠나 그의 아내와 합하여 둘이 한 몸을 이룰지로다"(창 2:18-24).

창세기 2장 18-24절은 하나님께서 어떻게 여자를 창조하셨고 결혼 생활에 대하여 남자와 여자가 한 육체가 되는 것이 가정의 시작이라고 말합니다. 이것이 하나님께서 만드신 결혼의 제도이고 창조 질서의 출발점이 되는 것이며, 신성한 하나님의 명령임을 알아야 합니다.

사도 바울 역시 로마서 1장 26절에서 이렇게 말합니다.

"하나님께서 그들을 부끄러운 욕심에 내버려 두셨으니 곧 그들의 여자들도 순리대로 쓸 것을 바꾸어 역리로 쓰며."

사도 바울은 남녀의 결혼이 하나님께서 정하신 정상적인 것이며 순리라고 말하고 있습니다. 이처럼 가정의 구성과 결혼제도는 인간의 개인적인 취향이 될 수 있는 것이 아닙니다. 인권과 문화라는 이유로 사람이 가정과 결혼을 자기 마음대로 재창조할 수 없고 새롭게 할 수 없다는 것입니다.

뉴스에서 어떤 사람들은 동물과 결혼하고, 어떤 사람은 강을 건너는 다리와 결혼하고, 어떤 사람은 컴퓨터와 결혼한다는 뉴스를 본 적이 있습니다. 얼마나 통탄할 노릇입니까? 성경은 남자와 여자의 결혼은 세상의 그 무엇이 아닌 하나님께서 정하신 창조 질서임을 우리에게 명확하게 말씀하고 있습니다.

성(性)은 누구에게 배우는 것일까요? 우리는 너무나 왜곡된 것들을 통해서 배워 왔습니다. 저도 어려서부터 성을 음지에서 스스로 배웠던 기억이 납니다. 음란물과 무분별한 인터넷, 성을 경험한 친구나 지인들에게서 습득한 왜곡되고 잘못된 성을 통하여 너무나 많은 죄를 범해 왔고 지금도 범죄하고 있는 것이 우리들의 모습이 아닙니까?

성은 사람에게서 배우는 것이 아닙니다. 성은 하나님께서 창조하신 것이기에 우리는 하나님께로부터 올바른 성을 배울 필요가 있는 것입니다. 하나님께서는 남자와 여자가 상호보완적으로 아름답게 창조됐으며, 서로 한 육체가 되도록 지어졌다고 말씀하십니다. 하나님 말씀이 아닌 다른 방식으로 하려고 하는 것은 왜곡이며, 부패한 것입니다. 또 하나님께서 만드신 방식을 거스르는 죄입니다.

가정은 가장 기본이 되는 하나님과의 질서이고, 두 번째는 사람과의 질서입니다. 그러나 동성애는 창조의 원리와 기초에서 벗어난 것이며 그것을 거부하는 것입니다. 이는 하나님에 대한 심각하고도 교만한 도전임을 잊어서는 안 될 것입니다.

두 번째는, 동성애는 하나님의 심판이 있다고 분명하게 말합니다.

창세기는 소돔과 고모라의 멸망이 간음과 남색에 대한 하나님의 진노와 징벌의 심판임을 우리에게 똑똑히 말해 주고 있습니다. 창세기 19장은 동성애에 대하여 직접적으로 언급하고 있습니다. 성적 타락의 전형인 동성애 행위에 대하여 하나님께서 분명히 반대하는 죄임을 우리에게 분명하고 명확하게 말씀하는 것입니다.

신약성경도 동일하게 말합니다. 베드로는 베드로후서 2장 6절에서 소돔과 고모라 심판을 다시 언급합니다.

"소돔과 고모라 성을 멸망하기로 정하여 재가 되게 하사 후세에 경건하지 아니할 자들에게 본을 삼으셨으며."

본을 삼는다는 것이 무엇입니까? 즉, 성적인 타락, 동성애에 대한 심판은 반드시 예전에 한 번의 사건으로 끝나는 것이 아니라 이 시대를 살아가는 자들도 동일한 심판을 받게 될 것이라는 말씀인 것입니다.

"소돔과 고모라와 그 이웃 도시들도 그들과 같은 행동으로 음란하며 다른 육체를(비정상적인 육체의 욕심) 따라 가다가 영원한 불의 형벌을 받음으로 거울이 되었느니라"(유 1:7).

사도 유다도 소돔과 고모라의 가증한 행위에 대하여 음란하며 다른 육체를 따라 가다가 영원한 불의 형벌을 받음으로 거울이 되었다고 말합니다. 7절에 '소도마이트(sodomite)'라는 단어는 동성애자를 가리키는 말입니다. 하나님께서는 성적 타락의 죄, 특별히 언급한 동성애의 죄에 대해 구약의 심판이 신약 시대와 지금 우리가 살고 있는 이 시대에 동일하게 적용될 것이라고 말씀하셨습니다.

세 번째는, 동성애는 하나님 자리에 서려고 하는 교만한 죄입니다.

"너는 여자와 동침함 같이 남자와 동침하지 말라. 이는 가증한 일이니라"(레 18:22).

"누구든지 여인과 동침하듯 남자와 동침하면 둘 다 가증한 일을 행함인즉 반드시 죽일지니 자기의 피가 자기에게로 돌아가리라"(레 20:13).

레위기를 보면 동성 간의 성행위는 가증한 것이라고 분명히 말하면서 이는 반드시 죽으리라고 말합니다.

"이 때문에 하나님께서 그들을 부끄러운 욕심에 내버려 두셨으니
곧 그들의 여자들도 순리대로 쓸 것을 바꾸어 역리로 쓰며 그와
같이 남자들도 순리대로 여자 쓰기를 버리고 서로 향하여 음욕이
불 일듯 하매 남자가 남자와 더불어 부끄러운 일을 행하여 그들
의 그릇됨에 상당한 보응을 그들 자신이 받았느니라"(롬 1:26, 27).

사도 바울은 27절에서 성에 대하여 말하면서 성은 순리대로 써야
한다고 말합니다. 여기서 순리는 이성 간의 관계를 말하는 것이고,
역리는 반대로 동성 간의 성 관계를 말하는 것입니다. 성은 인간의
취향으로 정하는 것이 아니라 하나님이 정하신 질서 가운데 들어오
는 것이라고 말하는 것입니다. 즉, 사도 바울이 말하고자 하는 것은
동성애는 창조 질서를 왜곡하는 것이라는 것입니다. 동성애 행위는
하나님의 금지 명령에 대한 인간의 반역임을 말하는 것입니다.

사도 바울은 남자 역할을 하는 남자와 여자 역할을 하는 남자의
용어까지 구체적으로 사용하면서 "이런 사람은 하나님 나라를 유업
으로 받지 못한다"고 분명히 말합니다. 바울이 이 말을 할 당시 동

성애는 만연해 있었습니다. 그러나 그런 사회적 상황과 상관없이 바울은 분명하게 동성애가 죄라고 이야기합니다.

또 하나 사도 바울이 동성애를 죄라고 말한 또 다른 이유는 하나님께서 만들어 주신 본연의 모습과 성적 질서, 가정의 질서보다 자신을 더 사랑하는 마음이 동성애를 하게 한다는 것입니다. 이것이 가장 큰 죄입니다. 왜냐하면 하나님의 창조 질서를 버리고 자신이 주인이 되어 교만한 자리에 있는 것이기 때문입니다. 마귀가 마귀가 된 이유는 스스로 하나님이 되려고 했기 때문이다. 아담과 하와가 선악과를 먹은 것이 어떤 죄입니까? 하나님의 위치에 서려고 한 죄입니다. 동성애가 왜 죄입니까? 적어도 하나님 위치에 서려고 하는 것이기 때문입니다.

하나님이 모든 사람을 변화시켜도 변화시키지 못하는 사람이 있습니다. 바로 하나님의 말씀 가운데 굴복되지 않는 '교만한 사람'입니다. 잠언과 베드로전서를 보면 겸손은 최고의 덕이지만, 교만은 가장 큰 죄라고 말하고 있기 때문입니다.

죄는 반드시 심판이 따릅니다

성경은 하나님은 우리의 생명이라고 말합니다.

"이 율법책을 네 입에서 떠나지 말게 하며 주야로 그것을 묵상하여 그 안에 기록된 대로 다 지켜 행하라. 그리하면 네 길이 평탄하게 될 것이며 네가 형통하리라. 내가 네게 명령한 것이 아니냐. 강하고 담대하라. 두려워하지 말며 놀라지 말라. 네가 어디로 가든지 네 하나님 여호와가 너와 함께하느니라 하시니라"(수 1:8,9).

우리는 하나님이 생명이심을 알고 있습니다. 그러나 하나님이 생명임을 아는 자들은 적습니다. 많은 사람들이 생명을 하나님이 우리에게 주시는 것이라고 오해합니다. 그러나 생명은 하나님 자신입니다. 우리에게 참된 생명이 부어지려면 하나님께서 직접 우리나라에 임하사 우리 교회에 임하셔야 하고, 가정에 임하셔야 진짜 생명이 부어지는 것입니다. 하나님의 말씀대로 행하여 순종하는 자에게는 하나님이 함께하시어 우리의 생명이 되고 우리의 풍성함이 된다고 말씀하는 것입니다.

그러나 말씀에서 벗어난 삶을 살면 어떻게 될까요? 하나님이 함께하실 수 없습니다. 떠나십니다. 떠나실 때 하나님의 생명과 풍성함은 놔두고 가실까요? 절대 그렇지 않습니다. 하나님이 떠나시면 하나님 자신인 생명과 풍성함도 함께 떠나게 되고, 그 자리에는 죄에 대한 심판만이 있다는 사실을 믿어야 합니다.

우리가 동성애의 죄에 대해서 말씀하신 하나님의 말씀을 믿고 굴복되지 않는다면, 이 나라 이 민족이 동성애의 죄에 대해서 허용해 버린다면, 하나님은 이 나라와 교회와 성도와 함께하실 수 없습니다. 심판만이 남게 되는 것입니다.

만약 동성 결혼이 합법화되면 미래 사회가 어떻게 될 것인가를 생각해 보아야 합니다. 동성애자들의 통계에 의하면 대부분 2~3년 동안 서로 사랑을 하다가 헤어진다고 합니다. 한쪽이 질병이 생기고 그래서 단명하게 됩니다. 뿐만 아니라 자녀를 생산할 수 없으니까 입양을 합니다. 그런데 입양을 해서 아이를 키우더라도 그 아이들 대부분이 후천적인 환경 요인에 의해서 동성애자가 되는 것입니다. 자기를 길러준 동성애자들을 보면서 자라니 자연스레 그렇게 되는 것입니다. 그러니 출산율이 그러잖아도 떨어지는데 지구의 미래가 어떻게 되겠습니까?

동성애는 크게 몇 가지로 분류됩니다. 남성과 남성 간의 성 관계를 맺는 것을 '게이'라고 하고 여성 간의 관계를 '레즈비언' 그리고 남자가 여자로, 여자가 남자로 성전환하는 것을 '트랜스젠더'라고 합니다. 또 '양성애자'는 이성과 동성 다 관계를 합니다. 이 모두가 다 동성애자입니다.

그런데 이들은 심각한 병을 갖게 됩니다. 특히 성전환자들은 주사로 성호르몬을 투입하며 살다 보니 빨리 늙고 병이 듭니다. 그리고 남자 동성애자들은 항문 성교를 하는데 항문은 배설기관이기 때문에 온갖 세균과 병균이 가득한 곳입니다. 그런 항문에 남자의 성기를 삽입하니, 성병은 물론이고 악성 치질과 항문 출혈이 생깁니다. 그래서 항문 괄약근이 고장 나서 조절이 안 되니 변실금이 생깁니다. 그러니 평상시에도 기저귀를 차고 다녀야 하고 정상적인 사회생활이 안 됩니다. 그런데다가 이 항문 성교는 에이즈 발병의 원인이 됩니다.

지난 20여 년 동안 아프리카에서 에이즈로 인해 죽어간 사람이 무려 약 2천 5백만 명에 이른다고 합니다. 아프리카 몇몇 나라 중에는 평균 수명이 40세가 안 되는 나라가 있습니다. 그러니 한참 일할 30, 40대 인구가 너무 많이 죽어서 노동인력이 줄었고, 그들의 자녀들은 거리의 고아가 되었습니다. 에이즈에 걸리면 곧바로 죽지는 않아도 신체가 무력화되어 생계를 꾸릴 수 없으니 수많은 국민들이 좌절과 고통에 빠지게 됩니다. 아프리카 대륙의 대부분의 나라들이 에이즈 환자가 국민의 20~30%라고 합니다. 참으로 심각한 문제입니다.

우리나라에만 2016년 6월 1일까지 에이즈 환자가 1만 명에서 1만 5천 명이라고 합니다. 매년 1천여 명이 증가된다고 합니다. 그런데 남성 에이즈 환자의 약 90%는 동성애자들이라는 통계자료가 있습니다. 더구나 이 에이즈는 전염이 됩니다. 더 큰 문제는 국내 에이즈 감염인 중 10대 신규 감염자 수가 빠르게 늘고 있다는 점입니다. 질병관리본부에 따르면 2000년 이전에는 거의 없던 '청소년 에이즈 감염자'가 2014년에는 36명으로 급증하기 시작했고 감염자 증가율이 20%라고 합니다.

보건복지부의 2011년 '제3차 국민건강증진종합계획'에서는 에이즈의 주요 전파경로를 '남성 동성애자 간 성접촉'으로 분명히 명시하고 있습니다. 에이즈 감염인의 역학조사에 따르면, 이성 간 성접촉과 동성 간 성접촉으로 인한 감염사례는 6대 4로 이성 간 성접촉이 더 흔한 전파경로인 것처럼 보고됩니다.

2016년 05월 18일 KBS 뉴스를 보면 "개정된 의료법 시행 규칙에 따라서 요양병원에 입원하는 에이즈 환자는 치료비 70만 원과 감면

비 40만 원, 도합 110만 원을 사망할 때까지 국민 세금으로 치료한 다"고 말합니다. 김규대 서울시 감염병관리팀장은 "최종적으로 에 이즈 확진 판정이 나면 국가에서 50%, 지방자치단체에서 50%해서 진료비를 지원해 주고 있다"고 말합니다. 약값이 비싸기 때문에 연 간 일 인당 3500만 원 정도가 든다고 합니다. 그러니 그들이 죽을 때까지는 일인당 평균 적게는 수천에서 많게는 5~6억 원 정도가 드는데 이것을 국가의 재정으로 충당하고 있다는 것입니다.

그래서 동성 결혼이 합법화되거나 허용되면 몇 년 후에는 에이 즈 환자가 수십만 명으로 늘어나게 되고 그들의 치료비를 우리가 내는 세금으로 감당하게 되는 것입니다. 그렇게 되면 개인이 무너 지고 가정이 깨집니다. 국가도 무너집니다. 그리고 주님의 몸인 교 회 공동체도 무너집니다. 이것은 개인적인 심판이자 교회적인 심판 이고 국가적인 심판임을 알아야 합니다.

치료하시는 하나님

동성애자들이 다른 사람들보다 더 용서받지 못할 큰 죄를 갖고 있 다고 생각하지 않습니다. 죄의 모습은 달라도 죄는 같습니다. 모든 사람은 똑같이 하나님의 사랑이 필요한 자들입니다. 분명한 것은 하나님 말씀 앞에 기준을 보면, 십자가의 사랑을 알면, 인격적인 주님을 만나면 우리의 죄는 용서받고 모든 중독은 치유 받게 됩니다.

동성애뿐 아니라 세상의 모든 죄도 마찬가지지만 우리가 치료받을 수 있는 이유는, 성경인 하나님의 말씀을 겸손히 듣고 믿기 때문입니다. 해법은 오직 하나이고, 그것은 '진리'입니다. 하나님께서 구원하시는 진리는 성화하시는 복음이요 진리입니다. 이 나라가, 교회가, 가정이, 그리고 내가 그 진리를 듣고 응답한다면, 하나님은 그 문을 열고 은혜를 풍성하게 부어 주실 것입니다.

내 죄를 세상의 기준이 아닌 말씀 앞에 인정하여 서십시오

세리와 창녀들이 예수님께 용서함을 받을 수 있었던 근거는 한 가지였습니다. 세리와 창녀들은 자신들이 치료받아야 할 죄인임을 알았기 때문입니다. 그리고 그 죄를 회개하고 용서받기를 원했고, 무엇보다 자신을 만드신 창조주 하나님의 사랑을 원했기 때문입니다. 예수님은 그들이 어떠한 사람이고 어떤 죄를 지었는지 중요하게 보지 않으셨습니다. 하나님께서 보시는 것은 자신이 죄인임을 알고 두려운 죄에 대하여 용서받기를 원하는가 하는 것입니다.

반대로 바리새인은 자신들의 죄를 용서받지 못했습니다. 이유가 무엇입니까? 자신들이 죄인임을 알지 못하기 때문입니다. 중요한 것은 그 사람이 다른 세상의 기준이 아닌 하나님의 기준 앞에 자신이 죄인임을 알고 그 두려운 죄를 용서받기 원하느냐, 아니면 끝까지 자신의 죄를 인정하지 않고 버티느냐 하는 것입니다. 말씀 앞에 겸손해야 합니다.

하나님은 우리가 어떤 사람인가를 보시는 분이 아닙니다. 죄인임을 알고 다림줄을 들고 계신 하나님 앞에 그 두려운 죄를 용서받기 원하느냐 그렇지 않느냐의 차이에 운명이 갈라지는 것입니다. 하나님의 말씀의 기준 앞에 자신의 죄를 인정할 때 하나님께서 일하십니다. 불행히도 우리가 범한 가장 큰 실수는 옳고 그름을 분별할 영적인 분별력을 잃어버린 것입니다.

이사야 선지자가 "화로다 나여! 망하게 되었도다!"(사 6:5)라고 말한 것과 같은 애통함으로 회개함으로써 부활하신 주님 앞에 나아가기 바랍니다. 자신의 죄를 인정할 때 하나님께서 일하십니다.

저희 교회 집사님의 간증이 떠오릅니다. 그분은 예수님을 믿기 전에는 담배를 하루에 세 갑을 피웠답니다. 예수님을 믿기 전에 담배를 피우는 것이 죄로 여겨지겠습니까? 그렇지 않습니다. 그런데 예수님을 영접하면서 담배를 피는 것이 죄라는 사실이 깨달아지기 시작했다는 것입니다. 그리고 죄가 영적인 것이라는 사실을 알게 되어 회개하고 예수님의 이름을 선포하는 그 순간 수십 년간 피웠던 담배가 단번에 생각나지 않게 되었다는 간증이었습니다.

요한복음 1장 12절은 "영접하는 자 곧 그 이름을 믿는 자들에게는 하나님의 자녀가 되는 권세를 주셨으니"라고 말합니다. 권세가 무엇입니까? 지옥에 떨어지는 것을 끌어올리는 힘이라고 말합니다. 우리가 예수 그리스도를 유일한 왕이요 주인으로 모시고 그분의 말씀을 믿고 순종하면 성령님께서 하나님의 아들 예수 그리스도를 계시하여 주십니다. 그리고 영적인 분별력을 부어 주십니다. 뿐만 아니라 알코올 중독에 빠졌던 사람들이 새로워지는 것을 보게 됩니다. 마약에 빠진 젊은 청년들도 고치시는 하나님을 보게 됩니다.

모든 사람은 말씀 앞에 설 때, 그리고 성령님이 조명하실 때에 자신의 죄가 죄로 보이게 되고, 죄를 가지고 예수 그리스도 앞에 인격적으로 나아올 때 치유되고 회복되는 것입니다. 동성애도 마찬가지입니다. 많은 이들이 성경에 정확히 나와 있지 않기 때문에 동성애를 죄라고 할 수 없다고 말합니다. 그러나 성경은 동성애가 '죄'라고 말하고 있습니다. 그리고 죄를 짓는 사람은 '죄인'입니다. 그러나 분명히 알아야 할 것은 예수님은 동성애자를 포함한 모든 '죄인'을 위해서 십자가를 지셨다는 사실입니다.

지금 대한민국 교회와 성도가 앞두고 있는 전쟁은 진리와의 전쟁입니다. 사도 바울의 고백이 마음을 울리는 때가 왔습니다.

"이제 내가 사람들에게 좋게 하랴 하나님께 좋게 하랴 사람들에게 기쁨을 구하랴. 내가 지금까지 사람들의 기쁨을 구하였다면 그리스도의 종이 아니니라"(갈 1:10).

하박국 선지자의 외침을 들으십시오.

"왜 저로 하여금 불의를 보게 하십니까? 왜 죄악을 쳐다보게 하십니까? 파괴와 폭력이 제 앞에 있습니다. 갈등이 있고 싸움이 일어납니다"(합 1:3, 우리말성경).

대한민국을, 이 땅의 교회와 가정을, 한 사람 한 사람을 치유하고 회복시키시는 하나님의 은혜의 자리까지 나아가기를 원합니다.

<u>기도</u>

사랑과 은혜가 많으신 하나님, 우리가 세상과 타협하지 아니하고 진리이신 하나님의 말씀을 기준으로 삼고 여호와의 입에서 나오는 말씀을 붙들기를 원합니다. 수많은 조롱과 핍박이 와도 진리와의 싸움에서 물러서지 않기를 원합니다.

우리의 싸움이 동성애와의 싸움이 아닌 이 나라 이 민족의 진리의 싸움임을 깨닫게 하여 주시옵소서. 우리가 진리를 붙들고 선포할 때 그 진리 안에 들어오는 모든 자들은 예수 그리스도의 십자가의 사랑으로 녹아지고 치유될 줄 믿습니다.

이 나라 이 민족에게 영적인 분별력을 부어 주시고 무엇이 옳고 그른지 분별할 수 있는 지혜와 계시의 성령을 충만하게 부어 주시옵소서!

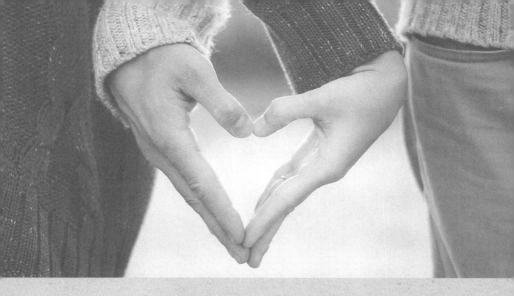

3장

성경이 말하는 동성애

윤치환 목사(안산 사랑교회)

성경은 동성애에 관하여 무엇이라고 말하고 있을까요? 먼저 하나님을 믿는 성도라면 성경의 절대적 권위를 믿어야 합니다. 절대진리를 지닌 기독교의 입장에서 동성애는 분명 잘못된 것입니다. 절대 타협할 수 없는 문제입니다. 만약에 동성애를 옹호하고 조장하는 문화가 한국 사회에 뿌리내린다면 절대적인 기존 사회 윤리는 허물어지게 됩니다. 그렇게 되면 그리스도인마저도 하나님이 정하신 기준이 아닌 각자 자신의 소견, 취향, 선호도에 따라 옳은 것을 선택할 것입니다. 지금 한국 교회가 동성애는 죄라고 외치지 않고 침묵한다면 훗날 한국 교회의 뿌리는 송두리째 뽑혀질 것입니다.

교회는 동성애에 대한 분명한 메시지를 전할 수 있습니다. 성경이 분명한 메시지를 담고 있기 때문입니다. 교회는 성경의 권위에 대한 확신을 갖고 있어야 합니다. 성경은 하나님의 말씀이며, 성령 하나님의 영감으로 기록되었습니다.

"모든 성경은 하나님의 감동으로 된 것으로 교훈과 책망과 바르게 함과 의로 교육하기에 유익하니 이는 하나님의 사람으로 온전하게 하며 모든 선한 일을 행할 능력을 갖추게 하려 함이라"(딤후 3:16,17).

성경의 권위를 인정하지 않는 교회는 결국 세상 문화에 무릎을 꿇게 됩니다. 성경의 절대적 권위를 인정하는 교회와 성도라면 다른 선택의 여지는 없습니다. 성경은 동성애를 죄라고 말합니다. 성경은 동성애를 승인하지 않습니다. 성경은 결혼을 한 남자와 한 여자가 부부가 되는 것으로 정하셨습니다.

창세기 1장 27절은 "하나님이 자기 형상 곧 하나님의 형상대로 사람을 창조하시되 남자와 여자를 창조하시고"라고 말씀합니다. 또한 창세기 2장 24절에 "이러므로 남자가 부모를 떠나 그의 아내와 합하여 둘이 한 몸을 이룰지로다"라고 말씀하고 있습니다. 결혼은 한 남자와 한 여자가 하는 것이라고, 성경은 분명히 말씀하고 있습니다. 그러하기에 동성애를 주장하는 자들은 성경을 거부하는 것이요, 성경의 저자이신 하나님을 모독하는 것입니다. 구약성경 여러 곳에서 이 동성애에 대해서 언급하고 있습니다.

레위기 18장 22절에 "너는 여자와 동침함 같이 남자와 동침하지 말라. 이는 가증한 일이니라라"고 말씀합니다. 여기서 가증한 일이라는 것은 매우 혐오스럽고 역겨우며 싫어하는 행위, 또한 사람을 의미합니다. 하나님께서 동성애를 싫어하시고 매우 미워하신다는 것을 알 수가 있습니다.

또한 레위기 20장 13절에 "누구든지 여인과 동침하듯 남자와 동침하면 둘 다 가증한 일을 행함인즉 반드시 죽일지니 자기의 피가 자기에게로 돌아가리라"라고 말씀합니다. 반드시 죽이라는 것이죠.

그리고 신명기 23장 17,18절은 이렇게 말합니다.

"이스라엘 여자 중에 창기가 있지 못할 것이요, 이스라엘 남자 중에 남창이 있지 못할지니 창기가 번 돈과 개 같은 자의 소득은 어떤 서원하는 일로든지 네 하나님 여호와의 전에 가져오지 말라. 이 둘은 다 네 하나님 여호와께 가증한 것임이니라."

여기서 남창이라는 말은 남자에게 몸을 파는 남자 애를 일컫는 것입니다. 그것은 가증한 일이라고 성경은 분명히 말씀하고 있습니다.

또한 열왕기상 14장 24절은 그 땅에 또 남색하는 자가 있었고,

여호와께서 이스라엘 자손 앞에서 쫓아내신 국민의 모든 가증한 일을 무리가 본받아 행하였더라"라고 말하고 있습니다. 여기서 남색하는 자는 남자끼리 하는 성행위, 남성 동성애자, 게이를 말합니다. 참고로 여성 동성애자를 레즈비언이라고 합니다.

또 열왕기상 15장 12절에 "남색하는 자를 그 땅에서 쫓아내고 그의 조상들이 지은 모든 우상을 없애고"라고 말씀합니다. 남색하는 자를 쫓아내라는 것입니다.

열왕기상 22장 45, 46절은 이렇게 말합니다.

"여호사밧의 남은 사적과 그가 부린 권세와 그가 어떻게 전쟁하였는지는 다 유다 왕 역대지략에 기록되지 아니하였느냐. 그가 그의 아버지 아사의 시대에 남아 있던 남색하는 자들을 그 땅에서 쫓아내었더라."

하나님께서 이 동성애를 가증스럽게 여기고 쫓아낼 수밖에 없는 악한 행동이라고 거듭거듭 말씀하시는 것을 성경을 통해서 우리는 알 수 있습니다.

또 열왕기하 23장 7절에 "또 여호와의 성전 가운데 남창의 집을 헐었으니 그곳은 여인이 아세라를 위하여 휘장을 짜는 처소였더라"
라고 되어 있는데 남창의 집을 헐어버렸다고 말씀합니다.

또한 욥기 36장 13절, 14절은 이렇게 말합니다.

"마음이 경건하지 아니한 자들은 분노를 쌓으며 하나님이 속박할
지라도 도움을 구하지 아니하나니 그들의 몸은 젊어서 죽으며 그
들의 생명은 남창과 함께 있도다."

그렇습니다. 몸은 젊어서 죽는다는 말이 있습니다. 동성애자들
의 특징은 생명이 일반들보다 20년 내지 30년 짧다는 것입니다. 그
리고 그들은 온갖 질병에 걸려 고통 가운데 있다가 죽는다는 사실
을 우리는 잘 알고 있어야 합니다.

이처럼 구약성경은 명확하게 동성애를 금하고 있고, 하나님께서
가증한 일이라고 선포하신 것을 알 수 있습니다. 성경은 성적인 죄
표현을 다양하게 말하고 있습니다. 음란, 간음, 부도덕, 강간, 간통,
부끄러운 짓, 이런 말들로 표현하고 있습니다. 그러면 동성애는 무
엇일까요? 바로 성 중독입니다. 성경은 부도덕에 대해 단호하게 죄
라고 말합니다. 그 죄를 회개하라고 선포하고 있습니다. 성 중독 증

상인 동성애는 죄입니다. 그러하기에 철저한 회개가 필요합니다.

우리는 동성애에 대한 하나님의 철저한 심판을 창세기 19장을 통해서 알 수 있습니다. 소돔과 고모라의 죄악은 동성애입니다. 동성애, 즉 남성을 뜻하는 소돔이라는 말은 소돔이라는 말에서 유래될 정도였습니다. 특히 동성애 항문 성교를 지칭할 때 쓰는 소돔이라는 말이 여기서 비롯되었습니다. 동성애에서 무서운 것은 무엇일까요? 바로 에이즈입니다. 에이즈는 어떻게 걸립니까? 항문 성교를 통해서 걸립니다. 항문 성교가 바로 에이즈의 발원지라는 것입니다. 이 에이즈는 무서운 병입니다. 우리나라는 에이즈 환자가 1만 2천 명이 넘는 에이즈 위험국가가 되었습니다. 특히 청소년 감염자가 급속히 증가하고 있습니다. 청소년들기는 예민한 때입니다. 그들은 보고 들은 것을 그대로 행합니다. 그러하기에 우리 교회와 기독교는 서울 시청에서 열리는 동성애 축제를 반대하고 금지하라고 외칠 수밖에 없는 것입니다. 이 소돔과 고모라가 결국은 어떻게 되었습니까? 동성애와 동성끼리 성 관계를 하려고 한 그 소돔과 고모라 땅을 하나님께서 불심판으로 철저히 심판하신 것을 창세기 19장 성경을 통해서 우리는 확연하게 알 수 있습니다.

또한 신약성경에서는 동성애를 어떻게 말할까요?

로마서 1장 26,27절은 이렇게 말합니다.

"이 때문에 하나님께서 그들을 부끄러운 욕심에 내버려 두셨으니 곧 그들의 여자들도 순리대로 쓸 것을 바꾸어 역리로 쓰며 그와 같이 남자들도 순리대로 여자 쓰기를 버리고 서로 향하여 음욕이 불 일듯 하매 남자가 남자와 더불어 부끄러운 일을 행하여 그들의 그릇됨에 상당한 보응을 그들 자신이 받았느니라."

순리대로 쓸 것을 버렸다는 것입니다. 여기서 순리는 무엇입니까? 하나님이 말씀하신 결혼 제도를 말합니다. 한 남자가 한 여자로 부부를 맺어서 가정을 이루는 것, 그 결혼 제도가 바로 순리입니다. 그런데 이 순리를 꺾었다는 것입니다. 순리를 잘못 사용했다는 것입니다. 그것이 바로 동성애입니다. 로마서는 남자가 남자로 더불어 부끄러운 일을 행하였다고 하면서 이 동성애가 잘못되었다고 말하고 있습니다.

특히 로마서 1장 32절은 동성애를 하는 자들을 이렇게 책망하고 있습니다.

"그들이 이같은 일을 행하는 자는 사형에 해당한다고 하나님께서 정하심을 알고도 자기들만 하는 행할 뿐 아니라 또한 그런 일을 행하는 자들을 옳다 하느니라."

동성애는 위험합니다. 동성애는 죄입니다. 동성애는 가정을 파괴하고 그 개인들을 죽게 만듭니다. 무서운 에이즈를 낳게 하는 무서운 죄임에도 불구하고 동성애 하는 자들을 옳다고 하면서 방관하고 침묵하면 그것 또한 잘못이라고 성경은 말합니다. 그렇기 때문에 우리 믿음의 성도와 교회들은 이 동성애를 반대하고 아웃이라고 외칠 수밖에 없습니다. 그리고 그 외침이 하나님께서 기뻐하시고 하나님이 원하시는 뜻임을 우리는 알 수가 있습니다.

오래전에 아프리카를 가 봤는데, 동성애로 인해서 고아들이 너무나 많이 생긴 것을 보면서 처참함을 느꼈습니다. 지금 미국과 캐나다 난민은 어떻습니까? 동성애 죄악으로 물들어 가고 있습니다. 동성애자에게 혐오감을 주었다는 동성애법을 근거로 감옥에 가게 만들고 벌금을 물게 하고 있습니다. 직장에서 쫓겨나고 있습니다. 심지어 목사들까지 목사직에 면직을 당하고 있습니다. 성경은 옳지 않은 것을 옳다고 이야기하는 자는 사형에 해당한다고 말하고 있습니다(롬 1:32 참고).

인권이 무엇입니까? 사람을 살리는 것이 인권입니다. 동성애를 하면 에이즈에 걸려 죽는다고 말하는, 그것이 진정 그들을 사랑하는 것이요 참 인권이라고 저는 말하고 싶습니다. 지난달에 대부도에서 토막 살인이 있었습니다. 조성호라는 사람이 자기 파트너를 무자비하게 토막 내서 죽였습니다. 그 이유가 밝혀졌는데 파트너와 성 관계를 맺을 때마다 3,4만원씩 돈을 받았는데, 그 돈이 밀려서 90만원이 되었습니다. 90만원을 주지 않자 그 남자를 잔인하게 죽인 것입니다. 동성 간에 이런 일이 일어나게 된 것입니다.

또한 국가위원회는 어떻습니까? '성적 지향'이라는 문구가 제2조 3항에 들어있습니다. 이 성적 지향이라는 의미는, 성에는 이성애, 양성애가 있고 동성애가 있다는 의미를 갖고 있습니다. 동성애를 인정하고 동성애를 수용하는 문구가 바로 이 제2조 3항인 것입니다. 이 조항이 반드시 삭제되고 수정될 줄 믿습니다. 동성애를 옹호하고 그들이 옳다고 하는 사람이나 단체나 기관에 대해 성경은 분명히 사형에 해당한다고 말하고 있습니다.

우리는 성경을 그대로 말하고 전해야 합니다. 고린도전서 6장 9,10절에 보면 이렇게 말합니다.

"불의한 자가 하나님의 나라를 유업으로 받지 못할 줄을 알지 못하느냐. 미혹을 받지 말라. 음행하는 자나 우상 숭배하는 자나 간음하는 자나 탐색하는 자나 남색하는 자나 도적이나 탐욕을 부리는 자나 술 취하는 자나 모욕하는 자나 속여 빼앗는 자들은 하나님의 나라를 유업으로 받지 못하리라."

여기서 탐색하는 자는 헬라어로 '말라코이'입니다. 이것은 남성 동성애에서 수동적인 역할을 하는 자를 말합니다. 여기서 남색하는 자는 헬라어로 '아르진코이타이'라고 말하는데, 이것은 남성 동성애에서 능동적인 역할을 하는 자를 의미합니다. 이처럼 동성애하는 자는 하나님의 나라를 유업으로 받지 못한다라고 말합니다.

"음행하는 자와 남색하는 자와 인신매매를 하는 자와 거짓말하는 자와 거짓 맹세하는 자와 기타 바른 교훈을 거스르는 자를 위함이니"(딤전 1:10).

여기에 남색하는 자가 나옵니다. 동성애를 뜻하는 것입니다. 또한 유다서 1장 7절은 이렇게 말합니다.

"소돔과 고모라와 그 이웃 도시들도 그들과 같은 행동으로 간음을 행함이니 다른 육체를 따라 가다가 영원한 불의 형벌을 받음으로 거울이 되었느니라."

여기서 다른 색을 따라갔다는 것은 바로 동성연애를 말하는 것입니다. 이처럼 성경은 구약과 신약성경 66권을 통해서 분명히 동성애는 죄라고 말씀한 것을 우리가 알 수가 있습니다. 우리나라 속담에 바늘 도둑 소 도둑 된다는 말이 있습니다. 작은 것이라도 우리는 양보할 수가 없습니다. 이 작은 것이 커지기 전에 우리는 반드시 막아야 합니다. 작은 구멍이 결국에는 저수지 댐을 무너뜨려서 큰 사고가 나게 만듭니다. 동성애를 옳다고 주장하는 사람들의 세력을 우리는 꺾어야 합니다. 반드시 막아야 합니다. 성경이 가증한 일이요, 하나님의 나라를 유업으로 받을 수 없다고 분명히 말씀하기 때문입니다. 마귀는 성경을 고치려고 합니다. 양보하라고 합니다. 괜찮다고 합니다. 아무리 작은 말씀도 성경을 고치거나 수정하면, 그 순간 그것은 성경이 아닙니다.

저는 얼마 전에 충격적인 소식을 들었습니다. 미국에서 한 동성애자가 동성애를 죄라고 기록한 성경 출판을 멈춰야 한다고 하면서 성경을 출판하는 기독교 출판사를 고소했습니다. 한 동성애자가 성경에 동성애를 혐오하는 구절이 있다는 이유로 성경 출판사에 7000만 달러의 소송을 제기한 것입니다. 그 동성애자는 연방법원에 기독교 출판사가 악의적으로 자신들을 무시하고 명백한 편견을 갖고 있으며, 명예훼손과 그들의 시민으로서의 권리를 침해했다라는 이유로 손으로 직접 쓴 고소장을 제출했습니다.

제가 2주 전에 미국을 다녀왔습니다. 선교사님으로부터 직접 동성애라는 말을 빼 버리고 성경을 출판했다는 소식을 들었습니다. 이런 일들이 벌어지고 있습니다. 수정되고 고쳐지는 것이 어찌 성경이라고 말할 수 있겠습니까? 성경은 분명히 동성애는 죄라고 말씀하고 있습니다. 성경이 동성애를 죄라고 하기에 우리는 동성애를 죄라고 말해야 합니다.

마태복음 5장 19절은 이렇게 말씀합니다.

"그러므로 누구든지 이 계명 중의 지극히 작은 것 하나라도 버리고 또 그같이 사람을 가르치는 자는 천국에서 지극히 작다 일컬음을 받을 것이요 누구든지 이를 행하며 가르치는 자는 천국에서 크다 일컬음을 받으리라."

아주 작은 말씀 하나라도 인간의 의도대로 빼거나 보탤 수 없다는 것입니다. 순수한 말씀 그대로 지켜져야 한다는 것입니다. 이런 예화가 있습니다. 낙타가 사막을 건너는데 밤이 되었습니다. 사막은 일교차가 크지 않습니까? 낮에는 덥고 밤에는 춥죠. 이 낙타가 주인에게 말합니다. 주인님, 제가 코가 시려운데 코를 텐트에다 넣게 해 주세요. 마음씨 착한 주인이 그렇게 하라고 하자 낙타는 코를 텐트 안에 집어넣습니다. 또 조금 이따가 주인님, 발이 시려운데 앞발만 넣게 해 주세요라고 하자 그렇게 하라고 합니다. 또 조금 이따가 주인님, 등이 시려운데 등도 넣게 해 주세요라고 하자 주인은 그렇게 하라고 합니다. 그러다 나중에는 엉덩이가 시렵고 뒷발이 시려우니까 주인을 내쫓고 자기가 텐트를 독차지했다고 합니다. 이런 웃지 못할 일이 있게 되는 것입니다.

동성애를 허용하고 침묵하면 이처럼 한국 교회가 무너지고 성경이 폐지된다는 사실을 알아야 합니다. 우리는 반드시 동성애가 죄라고 말해야 됩니다. 그리고 동성애를 지지하고 옹호하는 악한 짓을 하지 못하도록 소리 높여 외쳐야 합니다.

요한계시록 22장 15절은 이렇게 말씀합니다.

"개들과 점술가들과 음행하는 자들과 살인자들과 우상 숭배자들과 및 거짓말을 좋아하며 지어내는 자는 다 성 밖에 있으리라."

음행하는 자, 그 음행과 부도덕의 극치가 바로 동성애자라고 말했습니다. 성경은 그런 자들은 다 성 밖에 있으리라고 말합니다. 또한 요한계시록 22장 18,19절은 이렇게 말합니다.

"내가 이 두루마리의 예언의 말씀을 듣는 모든 사람에게 증언하노니 만일 누구든지 이것들 외에 더하면 하나님이 이 두루마리에 기록된 재앙들을 그에게 더하실 것이요, 만일 누구든지 이 두루마리의 예언의 말씀에서 제하여 버리면 하나님이 이 두루마리에 기록된 생명나무와 및 거룩한 성에 참여함을 제하여 버리시리라."

동성애를 하는 자는 하나님의 거룩한 성에 참여할 수 없습니다. 우리는 말씀 그대로 믿고 말하고 따라야 됩니다. 그리고 외쳐야 됩니다. 성경은 절대적인 진리의 말씀입니다. 성경이 동성애를 죄라고 하기에 우리는 동성애를 수용할 수 없습니다. 우리 한국 교회는 동성애라는 여리고 성을 반드시 파괴해야 합니다.

여호수아 6장에 보면 난공불락의 여리고 성이 와르르 무너진 것을 우리는 알고 있습니다. 불가능한 그 여리고 성이 무너졌습니다. 하나님 말씀대로 하루에 한 바퀴씩 돌았습니다. 칠 일째 되는 날은 일곱 바퀴 돌고 마지막에 함성을 외쳤습니다. 그러자 난공불락의 여리고 성이 와르르 무너져 내렸습니다. 지금 세계 이 동성애 물결이 우리나라를 덮치고 있습니다. 쓰나미처럼 몰려오고 있습니다. '우리도 어쩔 수 없어'라는 패배의식은 버려야 됩니다. 낮은 자존감을 버려야 합니다. 우리는 간절한 기도를 통해서, 그리고 우리의 믿음의 함성을 통해서 이 동성애라는 여리고 성을 반드시 무너뜨릴 수 있다는 확신을 갖고 믿음을 가져야 됩니다.

이번 6월 11일 토요일 오후 2시에 서울 시청 광장 한복판에서 동성애 축제가 벌어지게 될 것입니다. 우리는 이 동성애에 대한 반대 모임에 함께 해야 합니다. 그리고 소리내어 외쳐야 됩니다. 성경이 말하는 동성애는 안 된다고 외칠 때 그 견고한 여리고 성이 무너진 것처럼 동성애 여리고 성은 반드시 무너지게 될 것입니다. 이 동성애 반대 운동을 통해 무너진 세계 교회를 복구하고 선교 한국으로 쓰임 받는 데 하나님께서 이 민족을 축복하시고, 이 민족을 통해서 다시 복음을 잊어버린 세계 교회가 복음을 되찾는 일에 하나님이 반드시 쓰실 줄 믿습니다.

우리는 동성애가 잘못된 것임을 알리는 일을 해야 합니다. 그리고 전문가들을 불러 동성애에 관한 전문 세미나를 하고 모임들을 활성화해야 합니다. 그리고 교회마다 동성애 바르게 알리기 위원회를 만들어서 활동하게 해야 합니다. 마태복음 5장 18절을 통해서 이 강의를 마무리하기를 원합니다.

"진실로 너희에게 이르노니 천지가 없어지기 전에는 율법의 일점
일획도 결코 없어지지 아니하고 다 이루리라."

하나님의 말씀은 그대로 보존되어야 합니다. 성경도 동성애는 아웃이라고 분명히 말합니다. 가증한 것이라고 선포하고, 하나님의 나라를 유업으로 받을 수 없는 것이라고 말하고 있습니다. 우리는 담대하게 동성애는 안된다고 말해야 합니다. 그것이 하나님의 뜻입니다.

4장

동성애의 세계적 추세와
한국 교회 대응 방안

이용희 교수(에스더기도운동본부)

동성애 세계화 추세

전 세계에서 동성애를 합법화한 나라는 21개국인데 비해 동성애 및 동성 결혼을 법으로 금지한 나라는 약 80개국입니다.

1) 동성 결혼 합법화 국가

2001년 네덜란드는 전 세계에서 처음으로 동성 결혼을 합법화했습니다. 이후 2003년 벨기에, 2005년 캐나다, 스페인 등에서 동성 결혼이 허용됐습니다. 2015년 6월 26일에는 미국이 연방대법원의 판결로 동성애가 전국적으로 합법화되었습니다.

2) 동성애 불법 국가

동성애를 법적으로 죄라고 규정한 국가는 약 80개국입니다. 동성애를 전 세계에서 가장 강력하게 막아서고 있는 나라들은 아프리카 국가들로 아프리카 55개국 중 동성 결혼을 불법으로 규정한 나라는 무려 38개국에 달합니다.

아프리카 국가들이 이처럼 동성애를 강력하게 막아서고 있는 이유는 에이즈 때문입니다. 지난 25년간 약 3천만 명 이상이 아프리카에서 에이즈로 사망했기 때문입니다. 부모가 모두 에이즈로 죽어서 생긴 고아만 해도 약 2천만 명에 달합니다. 이처럼 에이즈로 인해 많은 고통을 받은 아프리카 국가들은 에이즈의 근본 원인인 동성애에 대해 강력한 처벌 규정을 둘 수밖에 없습니다.

3) 전 세계 국가들의 동성애 및 동성 결혼 합법화 이후의 상황

① 성경 내용을 동성애로 묘사

매사추세츠의 한 공립 고등학교에서는 동정녀 마리아는 레즈비언으로, 노아는 방주에서 동물과 성행위를 한 것으로, 그리고 동방박사는 게이인 동시에 에이즈 환자들로 연출한 연극이 무대에 올랐습니다. 매사추세츠의 많은 기독교 시민들과 학부모들은 학교 측에이 연극을 무대에 올리지 말아달라고 12,000통이 넘는 항의 편지와 항의 전화를 했습니다. 그러나 이 학교 교장인 스캇 골드먼은 연극에는 아무 문제가 없으며, 이미 동성애 차별방지법(혐오방지법)이 통과되었기 때문에 성경 내용을 동성애로 묘사하는 것은 기독교에 대한 명예훼손이 되지 않는다며 연극의 상연을 강행했습니다.

동성애 옹호자들은 예수님과 제자 요한이 동성애 관계이며 신약성경에 나오는 백부장과 하인, 그리고 다윗과 요나단의 우정도 동성애였다고 주장합니다.

② 공교육에서 동성애 및 동성 결혼이 정상이라고 학습

미국의 매사추세츠에서 5세 자녀가 유치원에서 동성 결혼과 동성 관계에 대해 교육을 받는다는 사실을 알게 된 한 학부모는, 학교로 찾아가서 자신의 아이에게 동성애를 가르치는 것을 원치 않으며 이를 가르치기 전 미리 학부모에게 통지해 주면 그날은 학교에 보내지 않고 가정학습을 하겠다고 제안했습니다. 그러자 학교 측은 "이것은 통지해야 할 문제가 아니며, 학교에서 자유롭게 동성 결혼과 동성 관계에 대해 가르칠 수 있다"고 답변했습니다. 이어 학교는 항의한 학부모를 경찰에 신고했고, 경찰은 아이의 아버지에게 수갑을 채워 구치소에 보냈습니다. 학교가 이렇게 할 수 있었던 이유는 동성애가 매사추세츠에서 합법화되었기 때문입니다.

캐나다 온타리오 주에서는 2015년 9월부터 모든 학교에서 새로운 성교육이 시행되고 있습니다. 3학년(만 8세)은 동성 결혼은 정상이라고 배웁니다. 6학년(만 12세)은 자위행위를 배우고, 7학년(만 13세/중학교 1학년)은 구강성교와 항문 성교를 배웁니다. 캐나다의 새로운 동성애 성교육법에 분개한 수많은 학부모들은 반대집회를 가졌고 기자회견을 통해 "이 동성애 관련 성교육을 모두 취소하라"는 성명서를 발표했습니다. 그러나 학부모들의 거센 항의에도 불구하고, 이미 동성애 차별금지법이 통과됐기 때문에 동성애 성교육이 시행되는 것을 막을 수 없었습니다.

③ 종교와 양심의 자유 침해

2014년 차별금지법이 통과된 미국 아이다호 주에서 목회중인 도날드 냅 목사는 동성 커플의 결혼식 주례를 거부했다는 이유로 재판에 회부됐습니다. 냅 목사는 180일의 징역형과 동성 결혼 주례를 할 때까지 매일 1000달러씩 벌금을 내야 하는 판결을 받았습니다. 당시 60세였던 냅 목사는 동성 결혼식의 주례를 서든지, 아니면 180일간 징역 및 매일 1000달러씩의 벌금을 납부해야 하는 처지에 놓였습니다. 그러나 냅 목사 부부가 연방법원을 상대로 낸 항소심에서 법원은 냅 목사에 대해 승소판결을 내렸고 결국 냅 목사는 처벌을 면할 수 있게 됐습니다.

미국은 동성애자가 목사 안수를 받는 것은 물론이고 더 나아가 동성애를 반대하는 목사들을 면직시키고 있습니다. 2015년 4월 미국 연합감리교회(UMC)는 결혼에 대한 전통적인 입장을 지지하고 동성애에 반대할 것을 교단에 촉구하는 탄원서에 서명한 캐롤 헐슬랜더(Carole Hulslander) 목사에 대해 목사직을 면직시켰습니다.

미국 오리건 주에서 빵집을 운영하는 크리스천 부부인 아론과 멜리사는 평소 고객이었던 동성애자들이 요청한 결혼 케이크 제작을 거부했습니다. 이에 대해 오리건 주 노동산업국은 케이크 가게 주인이 동성 커플에게 감정적인 상처를 입혔다며 벌금 13만 5천달러(약 1억 5천만 원)를 선고했다.

영국 북아일랜드의 한 유명 제빵회사는 경영진이 모두 크리스천이었기 때문에 동성애자 단체에서 "동성 결혼을 지지한다"는 문구를 넣어서 케이크를 만들어 달라는 요청을 거부했습니다. 그 후 이 회사는 동성애자 단체로부터 고소를 당해 지금 재판이 진행되고 있습니다.

영국의 한 교회는 교육전도사 채용 인터뷰에서 동성애자를 채용

하지 않았다가 그가 교회를 상대로 낸 고소에 패하여 약 6,500만원 상당의 보상금을 지불했습니다.

④ 성경적 윤리 · 가정 제도 붕괴

지금 세계 곳곳에서는 동성 간의 결혼으로 인해 하나님이 세우신 혼인 질서가 파괴되고 있습니다.

미국 매사추세츠 주에서는 세 명의 레즈비언이 동성 결혼을 통해 가정을 이루었고 아이를 입양할 예정입니다. 동성 커플은 아이를 낳을 수 없기 때문에 입양이나 대리모를 통해 아이를 얻습니다. 이 경우 동성 결혼은 단순히 '그들만의 결혼'에 그치지 않고 아이들, 즉 다음 세대에게까지 부정적인 영향을 미치게 됩니다.

66세의 인권법 전문가인 진 도미니크 번넬은 어려서 레즈비언 커플에 의해 입양됐습니다. 그는 동성 커플의 자녀로 살아가는 고통에 대해 어느 누구보다 잘 알고 있습니다. 번넬은 "나는 두 여자에 의해 길러졌고 정확한 남성 역할인 아버지가 없는 결핍으로 고통을 겪었다"고 증언했습니다. 번넬은 또 "동성 결혼을 합법화한다는 것은 나에게 심각하게 상처를 주었던 상황을 제도화하려는 것"이라며 엄마와 아빠를 가질 수 있는 아이들의 권리를 제한하는 프랑스의 동성 결혼 제도를 비판했습니다.

미국 캘리포니아 주 소노마에 사는 레즈비언 커플 멜린다 피닉스와 대니 피닉스는 2010년에 동성 결혼을 했습니다. 서로를 사랑해 결혼까지 했지만 이 동성 커플은 시간이 흐르면서 남편이 있으면 좋겠다는 생각을 했습니다. 결국 멜린다와 대니는 건설회사를 운영하는 조나단과 결혼식을 올렸습니다. 두 여자와 한 남자로 된 미국 판 일부다처제가 등장한 것입니다. 이듬해 멜린다와 대니는 각각 조나단의 아기를 임신하는 데 성공해 2014년 9월 멜린다는 아들을 낳았고, 그로부터 한 달 후 대니도 딸을 출산했습니다.

동성 결혼 합법화는 단순히 동성 결혼을 허용하는 것으로만 끝나지 않습니다. 동성 결혼이 허용된 유럽의 경우 근친상간, 소아성애, 수간(동물을 이용한 성행위)이 차례로 합법화되었습니다. 매춘이 합법화된 유럽국가들에서는 수간이 합법화되자 자연스럽게 수간 매춘도 합법화되었습니다. 특히 동성 결혼이 합법화된 덴마크에서는 수간이 성행하기 시작했습니다. 외국인들이 덴마크로 동물섹스 관광을 갈 정도였습니다. 그러나 동물 매춘이 성업을 이루기 시작하면서 인간에 의해 생식기와 배설기가 크게 손상을 입는 동물들이 늘어났습니다.

이에 수의사들과 동물애호가들이 덴마크 주정부에 지속적으로 고발한 결과, 덴마크에서는 동물 매춘 금지법이 제정되어 2015년 7월부터 동물 매춘을 한 사람들을 형사처벌할 수 있게 되었습니다. 현재 헝가리, 핀란드, 루마니아 등 유럽의 많은 나라들이 동물 매춘을 허용하고 있습니다(2015년 5월 13일 국민일보). 보신탕을 먹는다고 한국인을 경멸했던 유럽의 선진국 국민들이 개를 강제로 묶어놓고 성폭행하는 사업으로 돈을 벌고 있다니 참으로 아이러니합니다. 그러나 전 세계가 다 이런 것은 아닙니다.

동성애를 전 세계에서 가장 강력하게 막아서고 있는 나라는 아프리카 국가들입니다. 아프리카 55개국 중 동성 결혼을 불법으로 규정한 나라는 무려 38개국에 달합니다.

아프리카 국가들이 이처럼 동성애를 강력하게 막고 있는 이유는 에이즈 때문입니다. 지난 25년간 약 3천만 명 이상이 아프리카에서 에이즈로 사망했기 때문입니다. 부모가 모두 에이즈로 죽어서 생긴 고아만 해도 약 2천만 명에 달합니다. 이처럼 에이즈로 인해 많은 고통을 받은 아프리카 국가들은 에이즈의 근본 원인인 동성애에 대해 강력한 처벌 규정을 둘 수밖에 없습니다.

미국의 오바마 대통령은 우간다의 무세베니 대통령에게 반동성애 법안에 서명하면 연간 4억 달러(약 4400억 원)가 넘는 원조를 끊겠다고 경고했습니다. 그러나 독실한 기독교인인 무세베니 대통령은 오바마 대통령에게 "우간다 국민들을 살리는 길은 미국의 원조가 아니라 하나님의 말씀대로 사는 것"이라고 대답했습니다.

우간다의 무세베니 대통령은 미국의 오바마 대통령의 반대에도 불구하고 동성애자를 엄격하게 처벌하는 반(反)동성애법에 서명했습니다. 아프리카 55개국 중 동성애를 불법으로 규정한 국가는 38개국으로 늘어났습니다. 미국은 우간다의 최대 원조국입니다. 미국의 막대한 원조를 포기하고 만들어진 이 법은 '4억 달러짜리 법안'으로도 불립니다.

전 세계의 동성애 축제

• 호주 시드니 '마디그라' 동성애 축제

1978년 6월에 시작된 '마디그라' 축제는 세계적인 동성애 축제로 자리매김했습니다. 이 축제는 시드니의 동성애자와 성전환자들이 동성애 차별법에 대항하기 위하여 행진한 것으로 시작됐습니다.

1996년에는 전 세계에서 65만 명이 모이기도 했습니다. 동성애 축제로 시드니의 관광 수입은 크게 증가하였고 시드니 주민들과 단체,

시정부 등에서는 이 축제를 후원하며 홍보하는 상황이 되었습니다.

▶세계 각국 동성애자들의 피켓 행진

자기 나라 피켓을 앞세워 행진도 하고 게이와 레즈비언들의 적나라한 애정표현도 쉽게 볼 수 있습니다.

▶예수님과 성경을 동성애로 묘사

2008년에는 가룟 유다가 게이(남성 동성애자)인 예수를 유혹하는 모습과 예수님이 두 제자의 동성 결혼식을 주례하는 것을 그림으로 묘사하였습니다. 서양의 동성애 축제에서는 예수님과 성경의 내용들을 동성애로 묘사하는 모독적인 공연들이 펼쳐지고 있습니다.

• 브라질 상파울루 '파라다 게이' 축제

'파라다 게이' 축제는 세계 최대 규모의 동성애자 축제입니다. 1997년에 처음 시작되었고 해가 지날수록 규모가 확대되었습니다. 1997년에는 브라질 상파울루 '파라다 게이' 축제에 2천 명이 참석하였는데 10년 만인 2007년에는 350만 명까지 늘어나 동성애자 축제 부문에서 기네스북에 올랐습니다.

'파라다 게이'는 매년 약 300만 명이 참석하는 브라질의 국민축제가 되었고, 상파울루시의 대표적인 관광상품이 되었습니다.

한국 동성애 축제

• 서울 동성애 축제

　서울 동성애 축제는 2000년 대학로에서 처음 열렸습니다. 이후 홍익대학교 인근과 이태원 등지에서 열리다가 2014년 6월 7일 제15회 동성애 축제는 연세로(신촌 차 없는 거리)에서 진행했습니다.

　서대문구청은 "세월호 참사로 추도 분위기가 이어지고 있는데다 현재 사회 분위기에도 적합하지 않다"며 연세로의 사용을 불허했습니다. 신촌지역주민들과 학생, 교회도 동성애 축제 개최에 항의했습니다. 그러나 동성애 축제 주최 측은 "사랑이 혐오보다 강하다"라는 주제로 행사를 강행했습니다.

　당일 오후 신촌 연세로는 동성애를 지지하는 각종 문구들과 플래카드, 남장을 한 여자, 여장을 한 남자, 술병을 들고 돌아다니는 만취한 외국인 L.G.B.T.들과 반(半)나체로 음란한 퍼포먼스를 하는 동성애자들로 가득 찼습니다. 동성애 축제 주최 측이 거리에 설치한 부스에서는 무료 에이즈 검사, 성병 검사, 콘돔 판매 등이 이루어졌습니다. 이날 오후 수많은 신촌 주민들과 성도들, 그리고 일부 연세대학교와 이화여대 학생들이 기독교 대학들인 연세대와 이화

여대 정문을 통과하는 동성애자들의 속옷 차림의 음란성 카퍼레이드에 반대하는 국민대회를 가졌습니다.

2015년 서울 동성애 축제는 6월 28일에 서울 시청 광장에서 개최되었습니다. 남성과 여성의 성기 모양으로 된 쿠키와 상품을 만들어서 팔고 동성애자들의 노출 수위도 더 심해지는 등 축제는 갈수록 더욱 선정적이고 퇴폐적이었습니다. 미국 대사관까지 나서서 동성애 축제를 적극적으로 홍보했습니다.

그 어느 때보다 강한 위기의식을 느낀 한국 교회는 같은 날 오후 3시 '동성애 조장 중단 촉구 교단연합예배 및 국민대회'로 대한문 앞 광장에 모였습니다. 전국에서 모인 3만여 명의 기독교인들과 시민들은 서울시의 동성애 조장 정책의 중단을 촉구했습니다.

특히 메르스의 확산 우려에도 불구하고 서울의 한복판인 서울광장에서 동성애 축제를 허가한 박원순 서울시장과 서울시의 무책임한 처사를 강도 높게 규탄했습니다.

오후 3시부터 연합예배를 드렸고 5시부터는 국민대회로 생명-가정-효(孝) 페스티벌을 가졌습니다. 이날 국민대회 행사는 퀴어축제가 종료된 오후 8시 40분경까지 이어졌습니다. 섭씨 30도가 넘는 한낮의 뙤약볕 속에서도 인파는 계속 늘어나 덕수궁 정문 앞 2개

차선과 광화문 방향 그리고 지하철 시청 역 출입구 일대를 가득 메 웠습니다.

또한 이날 6월 28일(주일)은 한국 교회 역사상 최초로 전국 모든 교회들이 '동성애 반대 설교 주일'로 정했고 또 '동성애 반대 한국 교회 연합예배'를 드렸습니다. 하나님께서는 이 연합예배와 국민대 회인 '생명-가정-효' 페스티벌을 놀랍게 축복하셨고 수많은 참석 자들에게 큰 은혜를 주셨습니다. 참석자 대부분이 거의 6시간 동안 화장실도 가지 않고 저녁식사도 거른 채 아스팔트에 앉아 마음을 모아 예배를 드리고 함께 찬양하며 기도했습니다.

생명-가정-효 축제의 마지막 시간에는 제주도, 부산, 대구, 광 주, 전주, 대전, 청주, 춘천, 경기, 서울 등 전국 각 지역과 북한에서 온 탈북청년들이 일어나서 동성애가 합법화되지 않는 거룩한 대한 민국, 그리고 통일 한국과 선교 한국을 믿음으로 선포하고 이를 위 해 헌신했습니다.

2010년도에 동성애 차별금지법을 막기 위해 한 신학교 총장님을 만났습니다. 그때 총장님이 저에게 이런 질문을 하였습니다.

"동성애 합법화가 선진국 추세인데 과연 우리가 막을 수 있을까요?"

그때 저는 이렇게 대답했습니다.

"한국 교회가 예수 생명 충만하고 성령 충만하면 동성애 합법화 막을 수 있습니다."

참 생명은 물살을 거슬러 올라가는 힘이 있습니다. 연어는 바다에 있다가 알을 낳기 위해서 물결을 거슬러 강 상류로 올라 갑니다. 폭포를 만나도 떨어지는 폭포 물줄기를 거슬러 올라가서 마침내 강 상류까지 올라가서 알을 낳습니다.

한국 교회가 주님을 사랑하고 말씀을 준행하면 서구 교회가 다 동성애 합법화에 쓰러진다 할지라도 한국 교회는 동성애가 합법화되지 않는 거룩한 나라가 될 수 있습니다.

또 어떤 사람들은 동성애 추세를 바라보면서 '말세(末世)이기 때문에 할 수 없어'라면서 체념합니다. 사탄은 '말세적 패배주의'로 동성애 앞에서 체념하도록 교회와 성도들을 미혹하고 있습니다. 그러나 말세를 포함한 모든 시대에 하나님의 교회와 성도는 죄와 타협하지 않고 죄와 싸워서 승리해야 합니다. 우리가 이 세상을 떠나서 주님 앞에 설 때까지 우리는 죄와 싸워서 승리해야 합니다. 이것이 성도들이 감당해야 할 믿음의 선한 싸움입니다.

야고보서 4장 7절은 "너희는 하나님께 복종할지어다. 마귀를 대적하라. 그리하면 너희를 피하리라"고 말합니다. 우리는 성경 말씀을 불법으로 만들고 교회를 불법집단으로 만드는 동성애 차별금지법을 대적해야 합니다.

올해도 동성애 축제가 6월 11일 서울 시청 광장에서 계획되어 있습니다. 동성애 축제에 대한 기독교계와 보수시민단체의 강력한 반대에도 불구하고 서울 시청은 서울 광장 사용은 신고제이므로 미리 신고만 하면 사용이 가능하다는 입장입니다.

서울 광장에서 동성애 축제가 해마다 계속된다면 어떠한 일이 벌어질까요? 아마도 동성애자들은 서울 동성애 축제가 호주의 '마디그라 축제'나 브라질 '상파울루 축제'처럼 세계적인 동성애 축제가 되기를 꿈꾸고 있을지 모릅니다.

동성애 축제가 서울 광장에서 계속 열린다는 것은 한국 사회가 외설적이고 지극히 선정적인 동성애 축제를 공인하고 있다고 인식될 수 있고 자라나는 청소년들에게도 문란한 동성애 축제가 마치 정상적인 것처럼 다가갈 수 있습니다.

한국 교회와 조국의 운명이 지금 우리의 결단과 행동에 달려 있습니다. 영국 교회는 동성애 물결 앞에서 교회가 전면에 나서지 않았습니다. 그래서 차별금지법(평등법) 앞에 힘없이 무릎을 꿇었고 많은 목회자들과 성도들이 신앙 때문에 처벌을 받았습니다. 19세기에는 전 세계에서 선교사를 가장 많이 보냈던 영국이 지금은 주일 예배 출석교인이 전 국민의 2%밖에 안 되는 나라로 전락했습니다.

20세기에 선교사를 가장 많이 보냈던 미국도 작년에 전국적으로 동성애가 합법화되어 결국 동성애 앞에 무릎을 꿇었습니다. 미국 교회도 영국 교회처럼 동성애 물결 앞에서 전면에 나서서 막아서지 않았습니다. 그 결과 동성애를 수용하지 않는 목사가 면직되기도 하고 동성애를 반대하는 성도들은 직장에서 파면당하는 상황이 벌어지고 있습니다. 최근 가장 큰 보수교단인 남침례교도 교인 수가 줄고 교회 예산이 줄어들기 시작하자 급기야는 파송 선교사들을 소환하기 시작했습니다.

지난해 3월, 영국의 동성애 합법화에 맞서 싸웠던 안드레아 윌리엄스(Andrea Williams) 변호사가 한국에 다녀갔을 때 남긴 마지막 당부입니다.

① "한국 교회는 영국과 유럽이 동성애 앞에 무너졌던 모든 과정들을 면밀히 분석하고 바르게 대처함으로 결코 패배하지 말고 꼭 승리해 영국 교회와 서구 교회에 위로와 격려와 소망이 되어 주십시오."

② "이전에는 우리가 한국 교회에 선교사를 파송했었습니다. 그

러나 이제 한국 교회가 영국에 선교사를 파송해 주십시오. "

③ "유능하고 충성된 사람은 선교사로 보내지 말고 한국에 남아서 동성애 합법화를 꼭 막게 하십시오. 동성애 차별금지법이 통과되면 교회가 짓밟히고 몰락합니다. 그러면 전 세계로 파송된 2만7천 명의 한국 선교사들은 본국으로 철수하게 됩니다."

④ "동성애 차별금지법을 막다가 동성애 측에 고소당하여 벌금 1억 4천만 원이 부과됐습니다. 이제 영국에 돌아가면 다시 법정에 서야 합니다."

제사장 나라 거룩한 백성

이제 전 세계 교회는 한국 교회를 주목하고 있습니다.

"과연 한국 교회가 서구 사회의 동성애 물결을 막는 세계적인 방파제가 될 것인지?" 또 "동성애를 불법으로 간주한 80개 국가들을 연합하고, 전 세계를 올바른 성 윤리로 선도하는 '열방의 빛'이 될 것인지?"

6월 11일 서울 시청 광장에서 2시부터 7시까지 동성애 축제가 진행됩니다. 우리나라의 가장 대표적 공공장소인 서울 광장에서 음란성 동성애 축제가 진행되는 것에 대해서 대다수 성도들과 국민들은 분명하게 반대하고 있습니다.

반대 의지를 나타내기 위해 시청 광장이 보이는 덕수궁 정문 대한문 광장에서 6월 11일 오후 2시부터 4시까지는 한국 교회연합기도회, 오후 4시부터는 생명-가정-효 페스티벌로 국민대회로 모입니다. 성도들과 국민들은 합법적이며 비폭력이어야 합니다. 그러나 서울시장과 서울시에게 국민 다수가 반대한다는 것을 분명히 천명하여 다시는 서울 광장을 동성애 축제장으로 허락하지 않도록 해야 할 것입니다.

전국에 계신 성도, 여러분 6월 11일 오후 2시부터 모이는 연합기도회와 이어지는 국민대회에 함께 참석해 주십시오! 혹 참석이 어려운 분들은 이 시간에 우리의 조국이 동성애 축제로 인해 음란과 동성애가 범람하지 않도록, 그리고 동성애가 합법화 되지 않는 거룩한 대한민국이 되도록 간절히 기도해 주십시오!

일제시대 신사참배 앞에서 주기철 목사님의 '일사각오' 순교 정신은 하나님과 한국 교회의 자존심을 지켰습니다. 21세기 동성애 물결을 막는 한국 교회의 순교적 결단과 헌신은 전 세계 가운데서 우리 주님의 자존심을 세우는 거룩한 산 제사가 될 것입니다.

"세계가 다 내게 속하였나니 너희가 내 말을 잘 듣고 내 언약을 지키면 너희는 모든 민족 중에서 내 소유가 되겠고 너희가 내게 대하여 제사장 나라가 되며 거룩한 백성이 되리라"(출 19:5,6).

그러면 "어떻게 동성애 합법화를 막을 수 있습니까?"

한국 교회의 6가지 대응 방안

① 성 과학연구소 설립

성경에 나타난 동성애에 관한 진실이 옳다는 점을 과학적으로 입증할 수 있는 성 과학연구소가 세워져야 합니다. 성 과학연구소는 동성애가 유전되거나 선천적인 질병이 아니라는 사실을 밝히고, 동성애로 인해 초래되는 개인적, 사회적 폐해들을 조사, 연구해야 합니다. 또한 동성애가 치유될 수 있는 질병이라는 사실을 객관적으로 입증할 수 있어야 합니다. 요컨대 동성애에 관한 의학적, 과학적 연구 결과들을 종합하여 동성애 옹호 논리를 배격할 수 있는 과학적 대응논리를 개발하는 것이 필요합니다.

② 국민 교육, 계몽, 홍보

민주주의 사회는 표결로 결정됩니다. 침묵하는 다수는 카운트되지 않습니다. 요란하게 소리치는 소수가 국민 여론을 이끌어갈 때가 많습니다. 동성애 합법화를 막기 위해서는 국민 다수의 동의를 얻어야 합니다. 따라서 국민교육과 계몽, 홍보 전문 기관이 세워져 동성애의 폐해에 대해 바르게 알리고 홍보하면 동성애 합법화 반대에 대한 국민 대다수의 지지를 얻을 수 있을 것입니다.

③ 법률단 조직

현재 동성애 인권운동은 입법·사법·행정 등 전방위적으로 영향을 미치고 있는 실정입니다. 이전에 언급했던 차별금지법 입법 시도와 군대 내 동성애를 처벌하는 군 형법 92조 폐지 시도, 그리고 김조광수 동성혼인 합법화 요구 소송 등은 동성애 합법화를 위한 대표적 사법적 시도들입니다. 이러한 법안들은 교회를 무너뜨리며 기독교적 전통과 가치를 크게 훼손시킬 수 있으므로 전통적 결혼과 가정의 가치를 수호하는 기독교 법률단의 설립이 반드시 필요합니다.

④ 언론, 미디어, SNS

국민 대다수의 인식 변화에 있어 대중매체와 언론들이 미치는 영향은 매우 큽니다. 따라서 언론과 대중매체를 통해 동성애가 미화 또는 조장되진 않는지 모니터링하는 감시단이 필요합니다. 더 나아가서 성경적 진리를 바르게 전파할 수 있는 언론과 미디어를 창출하는 것이 중요합니다. 이와 동시에 최근 정보 확산의 가장 주요한 수단 중 하나인 SNS를 이용하여 국민 다수가 동성애에 대한 바른 인식과 반응에 함께할 수 있도록 인터넷 세상에서 빛과 소금의 역할을 하는 일이 필요합니다.

⑤ 동성애자 치유 프로그램 개발

국민들에게 동성애의 실체를 알리는 일만큼 중요한 일 중 하나는 동성애 치유프로그램 개발, 운영하여 고통 가운데 있는 많은 동성애자들이 성적 중독에서 벗어날 수 있도록 돕는 것입니다. 동성애 치유사역을 하는 외국 단체들의 사례를 참작하여 한국적 정서와 상황에 적합한 치유 프로그램이 개발 및 운영되어야 할 것입니다.

⑥ 동성애 합법화 반대를 위한 국제적 연대 조직

전 세계에서 동성애를 합법화한 나라는 21개국인데 비해 동성애 및 동성 결혼을 법으로 금지한 나라들은 약 80개국입니다. 수적으로는 동성애를 금지하는 나라들이 우위에 있지만, 동성 결혼을 합법화한 나라들이 대부분 경제 강국이자 선진국이기 때문에 세계적으로 막강한 영향력을 행사하고 있는 것이 현실입니다.

특히 미국의 오바마 대통령과 반기문 UN 사무총장 등은 반(反)동성애법을 지지하는 나라들을 지속적으로 압박하고 있습니다. 이러한 상황에서 동성애를 반대하는 사람들과 교회, 단체들 그리고 국가들이 연합하여 일치된 목소리를 내며 행동하는 일이 매우 중요합니다.

이제는 우리나라가 동성애 합법화 반대를 위한 국제적 연대의 구심점이 되어 서구에서 몰려오는 동성애의 물결을 막아서는 방파제가 되고 전 세계에 '성결의 빛'을 비추는 거룩한 나라가 되어야 합니다.

"너희가 죄와 싸우되 아직 피 흘리기까지는 대항하지 아니하고"
(히 12:4).

빛과 소금이 된다는 것은 어떠한 대가를 치르더라도 성경의 진리를 말하고, 글로 쓰고 행동으로 표현하는 것입니다.

5장

동성애 무엇이 문제인가?

이용희 교수(에스더기도운동본부)

이태희 변호사(그안에진리교회 담임목사)

요즘 언론을 보면 동성애를 찬성하면 깨어 있는 사람이고, 또 소수의 인권을 보호하고 아량이 넓고 시대의 흐름을 읽는 사람으로 표현되는가 하면, 동성애를 반대하면 배려가 없고 고리타분하고 시대의 흐름을 거스르는 사람처럼 묘사될 때가 많은 것 같습니다.

동성애 남자들이 올린 결혼식에 대한 신문기사에 이렇게 적혀 있었습니다.

"세상은 변하고 있다."

맞습니다. 세상은 변하고 있습니다. 그러나 변하지 말아야 할 것이 하나 있습니다. 바로 하나님의 말씀입니다. 동성애를 한국 교회가 앞장서서 우리 사회에서 거의 유일하다시피 강력하게 반대하고 있고, 그 반대하는 목소리의 중심에 서 있는 이용희 교수님에게 동성애 이슈와 관련된 귀한 이야기를 들어보도록 하겠습니다.

많은 사람들, 심지어 그리스도인들조차 동성애자들이 우리에게 무슨 피해를 준다고 그렇게 동성애를 반대하느냐, 동성애를 원하는 사람은 하게 내버려두라 그걸 뭐 한국 교회가 길거리에 나서면서까지 강하게 반대할 필요가 있느냐고 반문하는 경우도 종종 있습니다. 그런 질문에 대해서 우리가 어떻게 답변해 줘야 할까요?

먼저 성도들에 대한 답변도 있고, 국민들에 대한 답변도 있다고 생각합니다. 그런데 우리가 범국민적인 답변을 생각해 보면 좋겠습니다. 지지난 주 가정성결주일 때 많은 교회가 동성애 반대 설교 주일로 정해서 성경적 가르침을 전한 것으로 알고 있습니다. 지금 이 시간에는 먼저 국민적 입장에서 생각해 보면, 동성애가 실제로 하나님께서 우리에게 주신 생명과 건강과 국민적 보건에 심각한 문제를 끼치고 있다는 것입니다.

그럼 먼저 생명적인 면에서 보면 무엇이 문제이겠습니까? 많은 사람들이 알고 있는 게 에이즈겠죠. 에이즈. 우리나라도 지난 번의 통계를 봤더니 에이즈 환자 가운데 약 93% 정도가 남성이었습니다. 그리고 미국질병관리본부의 통계에 의하면 다 종합하니까 약 95% 정도는 청소년과 청년 사이에서 항문 성교로 인해 전염이 되었다고 합니다.

절대다수입니다

동성애의 애정 표현, 즉 그들의 성행위라고 할 수 있는 항문 성교가 20세기와 21세기에 가장 치명적인 질병으로 알려진 에이즈를 유발하고 또 동성애 성행위를 통해서 계속 전염되기 때문에 심각하게 보고 있습니다. 그리고 이 에이즈는 남자 동성애자들 가운데 일부가 걸린다고 해도 사실 변실금 같은 경우는 남자 동성애자들 거의 대부분이 다 고생하는 문제입니다. 항문 성교를 하면 항문의 괄약근이 잘 수축되지 않아서 수시로 변이 새고 피가 나오게 됩니다. 그리고 변실금 외에도 각종 질병을 유발하여 남자 동성애자들의 경우 평균 수명이 정상인에 비해 23~25년이 짧다고 발표된 과학 자료들이 있습니다. 그런데도 이렇게 생명에 해를 끼치는 행위를 하고 또 많은 사람들이 중독되는 이 행위에 대해서 피해가 없을 것이라고 생각하는 것은 지식이 결여됐고 교육이 잘 안되어 홍보가 되지 않았기 때문에 많은 사람들이 모르고 넘어가다가 다 같이 국가적으로 큰 비용이 들게 되는 것이 아닐까 하는 생각을 하게 됩니다.

동성애는 가정에도 많은 문제를 일으킵니다. 동성애가 퍼져 나가기에 한 번은 사이트에 올라온 한 남성의 고민을 들어봤습니다.

이성애자인 이 남성은 결혼까지 하여 자녀를 낳았는데, 동성애 사이트에 들어가서 경험을 하다가 동성애자가 되어 애인이 생겼습니다. 그래서 이혼을 결정하고 소송까지 간 적도 있습니다. 그러나 법정에서는 이혼을 허락하지 않았습니다. 이처럼 결혼한 사람들 중에서 젊은 사람들은 동성애 사이트에 들어갔다가 동성애에 빠져 가정 자체가 무너지게 되기도 합니다.

또 더 큰 문제는 동성애자들끼리 결혼하면 아이를 낳지 못하니까 대리모나 체외수정을 통해서 아이를 가지려고 하거나 아이들을 입양합니다. 그럼 어린아이들은 아무것도 모르고 동성애자가 가정에 입양이 됩니다. 프랑스의 한 인권운동가이자 법률가인 사람이 이렇게 이야기했습니다.

"나는 여자 동성애자 가정에 입양되어서 남자 아빠 없이 컸다. 그것이 나에게는 상처와 아픔이었다."

이처럼 어린아이들, 선택할 수 없지만 입양되는 어린아이들의 인권은 누가 보상하겠습니까? 또 이런 생각도 해 봐야 합니다. 게이들의 가정, 예를 들어서 남자 동성애자들끼리 사는 집에 어린아이가 입양된다면 남자 엄마 밑에서 큰 아이들은 과연 정서적으로 따뜻하고 행복할까요? 이런 것들이 하나님이 우리에게 주신 남성과 여성의 가정을 많이 훼손하고 있다고 생각합니다. 그리고 또 우리가 생각하는 좋은 가치들이 무너지는 것입니다. 동성 결혼이 합법화된 나라들 중에서 이 정도의 문제만 있는 나라는 아직 없습니다.

유럽의 경우를 보면 동성끼리도 결혼하는데 근친끼리는 왜 하지 못하냐고 주장해 근친상간이 합법화되었습니다. 유럽의 여러 나라에서 합법화되었습니다. 네덜란드가 그렇습니다. 그리고 곧 이어서 그러면 어린아이하고는 왜 못하냐, 좋으면 할 수 있다는 주장으로 인해 소아성애가 합법화되었습니다. 또 더 나아가서 동물하고는 왜 못하냐, 그건 내 성적 결정권이라는 주장으로 인해 수간(獸姦), 동물과 성 관계를 하는 것이 합법화됐습니다.

문제는 유럽의 여러 나라에서 매춘이 합법화됐는데 수간이 합법화되니까 수간 매춘까지 합법화되어 동물 섹스를 하려는 사람은 유럽으로 가는 겁니다. 독일이 유명한 나라고, 핀란드와 루마니아가 유명한 나라가 됐습니다. 그런데 개들이 말 안 통하는 사람이랑 성 관계를 갖겠습니까? 사지를 묶어 놓고 짖지 못하게 입을 묶고 하니까 많은 개들이 생식기랑 배설기가 손상되어 실려 나오는데 어떤 개들은 죽어서 나옵니다. 이애 대해 동물 애호가들이 항의하니까 법이 제정됐습니다. 수간 매춘을 하면 처벌되고 재범은 감옥까지

가게 되는 법이 작년 7월부터 시행이 됐습니다.

이와 같이 우리의 생명과 가정, 그리고 성 윤리가 무너지는 것들을 보면서 동성애는 우리 사회와 개인에게, 국가적으로도 큰 심각한 피해입니다.

한 가지만 더 짧게 말하자면 경제적인 비용도 생각해 보면 좋겠습니다. 에이즈 치료비용이 만만치 않습니다. 약값이 300만 원 이상이라고 하는데 우리나라는 전 세계에서 유일하게 에이즈 치료비용을 100% 국가가 부담합니다. 어느 정도로 부담하는지 요양원 원장님의 말을 들어봤더니 제주도에서 치료받기 위해서 서울에 올라오면 왕복 비행기 값을 다 대주고 입원할 경우에는 다른 사람들이 같이 방 쓰기를 싫어하니까 1인실에 들어가면 그 비용도 다 대주고, 간병인을 부르면 비용이 일반 간병인보다도 높은데 그것도 100% 국가가 지급해 줍니다. 그래서 한달 치료비가 600만 원이라는 말이 나오는데, 1년 치료비가 만약에 5천만 원 이상이라고 잡으면 평생 치료비용이 에이즈 환자 한 명당 5억 원이 넘는다는 겁니다. 그게 다 100% 세금입니다. 그리고 우리나라가 이런 추세로 에이즈 환자가 급증한다면 우리와 우리 자녀들에게 세금 폭탄이 될 것입니다.

이태희변호사　　이 정도면 우리나라 국가 유공자보다 더 좋은 대우를 받는 거 아닙니까?

이용희교수　　그렇습니다. 지금 우리나라에서 이들보다 더 많은 혜택을 받는 부류는 없습니다.

이변　　일단 지금 기본적으로 동성애 최대 피해자는 동성애자 자신입니다. 이게 동성애자들만의 피해로 끝나는 것이 아니라 그것이 결국 우리 가정의 가치관의 붕괴로 말미암은 가정의 피해, 또 여러 세금 폭탄으로 인한 국가 경제적 피해를 일으켜 국가 경쟁력의 하락으로 이어질 수밖에 없습니다. 그런데 문제는 이런 피해가 전혀 알려지지 않고 있고, 오히려 문화라는 이름으로 아주 아름답게 미화되고 포장되어서 여러 영화나 드라마, 그리고 이제는 대국민을 상대로 한 교육을 하고 있지 않습니까? 이것을 어떻게 해야 될까요? 영향력 있는 연예인들이 방송에 나와서 동성애를 미화하고 문화적인 문제로 말하는 것을 어떻게 분별해야 될까요?

이교　　사람들이 죄를 아름답다고 할 때, 그때 교회는 어떤 입장을 취해야 되겠습니까? 로마서 1장 32절에 보면 "자기들만 행할 뿐 아니라 또한 그런 일을 행하는 자들을 옳다 하느니라"라고 말하고 있습니다. 그래서 불륜이 사랑으로 미화될 때, 우리 교회는 무엇을 해야 합니까? 일어나 빛을 발한다는 것이 바로 그런 것이라고 생각합니다. 많은 사람이 양심의 가책 없이 죄를 즐기려고 할 때, 이것을 죄라고 알려 잃어버린 사회의 양심을 바로 세워 주어야 합니다.

우리나라의 중요한 요직, 국회나 행정내각이나 법조계의 30% 이상이 기독교인이란 이야기를 들었습니다. 동성애 반대 설교 주일이 제정되어 목사들이 동성애가 죄라는 것을 알리고 올바른 성경적 가치관을 가르쳐 이런 문화가 침투하고 여러 가지 다른 세상적인 가치관이 들어올 때 성도들이 설교 말씀을 통해 세운 성경적 가치관을 가지고 직장과 모든 삶의 영역에서 옳지 않은 것을 옳지 않다고 뜻을 밝혀 잘못된 기준점을 바로 잡는 역할을 하는 것이 필요합니다.

예를 들어서 불륜이 사랑이 되고, 또 더 나아가서 동성애가 하나의 취향이 인권이라고 하면서 사람들을 현혹하게 하거나 분별을 흐리게 하는 것에 대해서 첫째는 분명한 과학적 지식과 국민들이 이해할 수 있는 합당한 지식을 가지고 이야기해 주어야 됩니다. 왜냐하면 국민들에게 아무런 설명 없이 동성애를 죄라고 하면 설득되지 않겠죠? 그래서 국민들에게는 건강과 가정과 좋은 가치와 경제적 비용에 대한 것과 동성애가 합법화되었을 때에 우리 자녀들이 학교에서 수업 시간이나 성교육 시간에 항문 성교와 구강 성교를 배우게 된다는 것을 잘 설명하면 그들이 동성애가 죄임을 알고 우리와 뜻을 같이 하게 해야 합니다.

또 한 가지 심각하게 생각하는 것이 청소년에 대한 문제입니다. 사실 예전에는 동성애에 관한 것들이 유해매체로 간주되어서 음란물과 함께 청소년이 보지 못하게 되어 있었습니다. 그런데 국가인권위원회가 2조 3항에 '성적 지향'이라는 조항을 넣었는데, 이 법이 통과될 때 국회의원들 대부분이 모르고 통과시켰다는 겁니다. 그래서 이 법 때문에 동성애 관련 내용이 유해매체에서 빠져서 지금 많은 어린 학생들이 19금인 음란물은 보지 못해도 동성애 포르노 사이트는 볼 수가 있는 상황이 되었습니다.

그리고 국가인권위원회가 국민이 낸 세금으로 수억짜리 프로젝트를 진행해 동성애 만화영화를 볼 수 있게끔 하였습니다. 그리고 인권이라는 이름으로 동성애자들을 존중하라는 압력을 넣는 겁니다. 군대 내에서 동성애자들을 처벌하지 말라고 압력을 넣는 겁니다. 그래서 청소년들에게 동성애가 미화되어서 다가가게 하는 국가인권위원회의 잘못된 조항, 2조 3항 같은 것들을 우리가 바르게 인식하고 마땅히 그 조항이 삭제되도록 해야 합니다. 그래서 국민적으로는 죄, 불륜, 동성애가 사랑으로 미화되지 않도록, 올바른 성도들의 역할이 각각의 자리에서 필요하고, 교회는 분명히 진리를 선포해야 하고, 그리고 청소년들에 대해서 심각한 보호가 필요한데 국가인권위원회에서는 교회가, 또 국민들이, 마땅히 학부모들이, 교사들이, 교육자들이 분명히 2조 3항에 대해서 문제제기를 해서 국회에서 이 조항이 삭제되도록 다시 작업이 들어가야 된다고 생각합니다.

이변　　이런 문화 속에서 정말 불륜이 사랑으로 둔갑되고, 또 동성애가 사랑으로, 인권의 문제로 둔갑되는 이런 상황 속에서 한국 교회가 세상의 빛과 소금의 역할을 감당해야 한다는 것은 교수님께서 말씀하신 것처럼 진리를 선포할 때 그것이 정말 세상에 짠맛과 빛을 유지하는 일이 아니겠습니까, 교회가? 그래서 저는 교수님 말씀을 들으면서 어떤 생각을 하게 되냐면, 결국 우리가 이 기독교적인 진리를 세상 사람들이 알아들을 수 있는 언어로 번역하는, 일종의 윤리적 변증이 필요한 시대라는 생각이 듭니다. 그래서 가정, 보건, 또 이런 여러 경제적 문제들을 우리 그리스도인들이 명확하게 인식하고 이해하고 세상 사람들에게도 세상적인 언어로 변증할 수 있는, 그럴 때 우리가 이 문화라는 이름으로 둔갑되고 녹여지고 있는 동성애 문제를 이겨낼 수 있지 않을까 그런 생각을 좀 해 보았습니다.

이제 나누고 싶은 아주 중요한 이슈인데요. 동성애 문제 하면 선천적이라고 생각하는 분들이 참 많습니다. 특별히 이 선천적인 문제를 강조하는 이유는 이게 선천적인 것이어야 윤리적 문제를 피할 수가 있잖아요. 타고났다는 데 어떻게 하겠습니까? 동성애자들이 동성애의 선천성을 주장하는 가장 핵심적인 이유는 결국 윤리적인 문제를 회피하기 위한 것 아니겠습니까? 많은 그리스도인들도 이 동성애를 타고난 것으로 아는 분들이 많은데, 동성애가 선천적인 건가요?

이교　　그렇지 않습니다. 그리고 그에 대한 학술 증거자료들도 나왔습니다. 그런데 이것이 영적인 문제라고 생각이 되는 것이, 동성애가 유전이라고 하는 잘못된 발표에는 전 세계 언론이 대서특필을 하고는 유전이 아니라는 학술적인 정확한 입증에 대해서는 전 세계 언론이 잠잠합니다. 예를 들어서 언론인들도 특종감, 사람들이 좋아할 만한 그런 것들은 막 대서특필하고, 진부하게 생각되는 것들은 다루지 않습니다. 예를 들면, 1993년도에 해머라고 하는 학자가 Xq28이라는 동성애 유전인자가 있다고 발표하자 세상이 떠들썩했습니다. 이 학자가 동성애자였습니다. 또 그가 발표할 때 99.9% 유전이라고 이야기를 했기 때문에 세계 언론이 대서특필했습니다. 그리고 1999년도에 라이스 박사가 동성애가 유전이 아니라는 것을 입증하고, 2005년도에는 해머를 포함한 훨씬 더 많은 연구 팀원이 이 자료를 다시 분석해서 해머의 연구가 잘못되었다는 것을 명백히 밝히고 국제 학술지에 밝혔는데도 이 사실은 널리 퍼지지 않았습니다.

그래서 열심히 알리고 다녀야 합니다. 극동방송도 알려야 하고. 그래서 성경적 진리를, 하나님이 우리에게 정말 금하신 이런 것들은 유전이라고 해서 피하려고 하거나 하나님께 책임을 전가하였던 것들이 사실이 아니었다는 것을 분명히 알리는 것이 어둠과 사탄의 궤계를 무너뜨리는 빛과 소금이라고 생각합니다. 그래서 계속해서 동성애가 유전이라고 하는 주장이 있을 때마다 다 반박하고 있기 때문에 성경과 하나님의 진리를 지키기 위해서 잘못된 이런 주장들이 나올 때 과학적으로 잘 입증해야 하고, 성과학연구소가 있어야 한다고 생각합니다.

동성애가 합법화되고 나면 이런 연구도 하기 어려울 수 있습니다. 그래서 동성애가 합법화되지 않도록 이 잘못된 주장들을, 비진리를 성경의 진리로 분명히 입증할 수 있는 과학적인 우리의 노력도 있어야 되겠다고 생각합니다.

이변　유전자와 관련해서 일란성 쌍둥이, 그 과학 자료도 있지 않습니까?

이교　첫째는 직접적인 유전은 자녀를 통한 것인데, 동성애자들은 자녀를 안 낳을 수 없으니까, 첫 번째 문제에 해당이 안 되고, 두 번째로 만약에 유전자가 있다면 일란성 쌍둥이는 똑같은 유전인자를 가졌고 환경도 똑같습니다. 모태에서 같이 있었고, 자란 환경도 보통 따로 자라지 않으니까 대부분 같은 환경에서 컸는데, 그러면 동일한 유전인자가 있다면 한 사람이 동성애자면 이 쌍둥이가 동성애자일 가능성이 70-80%는 되어야 합니다. 그런데 보통 10%, 그 10%도 형제의 영향을 받은 것으로 보는 겁니다. 후천적인 영향이죠. 가정적인 영향이나. 그렇기 때문에 우리가 일란성 쌍둥이를 비교해 볼 때도 명백하게 유전이 아닙니다. 일란성 쌍둥이는 적어도

70-80% 이상은 두 명 다 동성애자가 되어야 합니다. 100%가 되어야 하지 않습니까? 같은 유전자로 태어났다면. 그렇기 때문에 그건 과학적으로 입증이 안 되죠. 그런데 자꾸 유전이라고 주장하면서 퍼트리는데, 이런 주장은 국민적으로 알리면 또 쏙 들어가요. 최근에 이런 것들에 대해서 많이 알리기 시작하니까 동성애 유전이라고 하는 말은 또 많이 들어갔더라구요. 그래서 동성애자들을 보면 어떤 때는 타고난 것처럼 이야기하고, 어떤 때는 선택했다고 이야기하고, 자기의 상황에 따라 유리하게 말이 바뀌는 것들도 봅니다.

이변 　 동성애를 벗어난 분들의 이야기를 들어보면 대부분이 선천적인 것이 아니라고 이야기하더라구요.

이교 　 그러니까 동성애를 벗어났고, 또 예를 들어서 젊었을 때 많다가 나이가 40, 50대면 없어지는 사람들이 많은 겁니다. 못하는 거죠. 힘이 부치고, 상황이 안 되니까. 찾아주는 사람도 없기 때문입니다. 유전이면 죽을 때까지 가는 거죠. 그런 많은 것들이 객관적으로 입증될 수 있는 부분입니다.

이변　　그러니까 결론적으로 교수님 말씀은 과학적으로 보나 현실적으로 보나, 또 탈동성애자들의 고백을 통해서 보나 동성애가 선천적이라는 말은 말이 안 된다 그 말씀이신 거죠?

이교　　한 마디 더 추가하면 문화적으로 감염될 때도 많고, 측근에 의해서 전염되는 경우도 많습니다. 그래서 시골에서 이런 것을 접하지 않고 큰 아이들보다 대도시에서, 또 많은 문화나 특별히 부유층이나 지식층이라고 해서 잘 사는 그룹들이, 예를 들어 섹스 파티를 한다든지 자극을 추구하다가 마약도 하고 더 나아가면 동성애도 하고, 여러 가지 더 큰 자극을 추구하다 보면 그렇게 되는데, 어떤 그룹이랑 같이 친교를 맺느냐에 따라서도 영향을 많이 받습니다. 그래서 전염성이 강하다고 말씀드릴 수 있습니다. 문화적 전염성, 교제적 전염성.

이변　　말씀하신 것처럼 어떤 사람들과 교제하느냐 하는 것도 참 큰 영향을 미치고, 전반적으로 우리나라와 지금 현재 전 세계적인 문화가 동성애를 미화하고 그런 문화적인 영향도 참 많이 받는데, 이런 문화적 시대적 흐름 속에서 이 동성애 문제를 우리 한국 교회가 잘 막아내고 대한민국만큼은 이 부분에서 거룩함을 지켜서 다른 서구 국가의 발자취를 따라가지 않기 위해서 우리 한국 교회와 그리스도인들이 어떤 사명을 감당해야 할까요?

이교　변호사님께서 세상은 바뀌지만 하나님의 말씀은 바뀌지 않는다고 하신 그 말씀 위에 서는 게 매우 중요하다고 생각합니다. 시대적인 문화가 무너져 갈 때 말씀 위에 있으면 안 무너지는데, 모래 위에 있으면 무너지지 않습니까? 그것이 참으로 중요합니다. 저는 안드레아 윌리암스라는 영국 변호사가 작년에 했던 많은 외침들을 마음에 담고 있습니다. 2010년에 영국에서 평등법, 우리나라의 차별금지법에 해당되는 그 법이 통과될 때에 이 분이 최선으로 막았지만 결국 교회들이 나서지 않아서 막을 수 없었다고 고백했는데, 이 분이 이런 이야기를 했습니다. "한국 교회만큼은 동성애 차별금지법을 꼭 막아서 하나님의 자랑거리가 되고, 우리 영국 교회의 위로와 소망이 되어 달라. 우리가 어떻게 무너졌는지를 잘 보고 배워라. 너희는 승리해 달라." 이렇게 부탁했습니다.

　두 번째로는 "우리가 전에는 너희에게 선교사를 보냈는데, 지금은 너희들이 우리에게 선교사를 보내 달라." 지금 영국 교회가 급몰

락해서 지금은 출석교인이 2%밖에 안 된다고 합니다. 19세기에 전 세계에 선교사를 가장 많이 보냈던 나라가 그렇게 된 겁니다. 그리고 이렇게 이야기했습니다. "유능하고 똑똑한 인재들은 선교사로 내보내지 말고 한국 교회에 남아서 동성애 차별금지법을 막게 해라. 동성애 차별금지법이 합법화되고 나면 한국 교회는 몰락하고 교인들이 떠나게 된다. 그러면 교회 예산이 줄어들고 27,000명의 해외 선교사들이 다 철수해야 된다." 미국 교회에서 가장 큰 보수교단이라고 하는 남침례교단이 작년 후반부터 교회가 약해지면서 예산이 부족하져 선교사들이 철수하기 시작했습니다.

그리고 이런 말을 했습니다. 자기가 동성애를 막다가 고소를 당했는데, 벌금이 1억 4천만 원이 나왔다고 합니다. 영국으로 돌아가자마자 법정에 서야 한다고 했습니다. 저는 그래서 한국은 전 세계적으로 오는 이 서구의 동성애 물결을 막는 세계적인 방파제가 되어야 한다고 생각합니다. 동성애를 합법화한 나라보다 반대한 나라가 훨씬 많습니다. 합법화한 나라는 21개국이고, 반대한 나라는 지금 약 80개국인데, 이 80개 국가들을 잘 선도하고 전 세계가 동성애 물결로 인해 하나님이 안타깝게 여기시는 죄악 가운데 쓰러지지 않도록 전 세계를 선도하는 성결의 빛, 열방의 빛이 되어야 하는 그런 시대적인 사명도 있다고 생각합니다.

이변   말씀하신 대로 그와 같은 성결의 빛으로 우리 한국 교회가 서기 위해서 우리 그리스도인부터 먼저 거룩이 회복되고 우리 한국 교회가 동성애 문제를 계기로 더 거룩해지고, 더 성결해질 수 있는 그런 계기가 되면 좋겠다는 생각을 갖게 되었습니다. 마지막으로, 이제 이번 주 토요일 퀴어 문화 축제가 있지 않습니까? 우리 한국 교회 그리스도인들에게 전하고 싶은 말씀 한 마디 해 주시면 감사하겠습니다.

이교   빛과 소금이 된다는 것이 무엇인가에 대해서 생각했는데, 최근에 동성애를 이제 맞닥뜨리게 되면서 성경의 진리를 내가 대가를 치를지라도 말하고, 필요하면 전화도 하고, 게시판에 글도 쓰고, 행동으로 표현하는 것이 빛과 소금이 되는 것이라는 생각이 들었습니다. 물론 예의를 갖춰서 합법적으로, 비폭력으로 해야 되겠지요. 민주주의 사회는 표결로 결정되는 사회로 우리가 표현하지 않으면 다수라도 인정되지 않습니다. 소리치는 소수가 끌고 가다가 마는데, 서울 시청 광장을 동성애 장소로 내줬다는 것은 합당하지 않습니다. 옛날에 대학로나 홍대에서 할 때에는 반대하지 않았습니다. 그러나 국민 다수가 반대하는 동성애를 가장 대표적인 공공장소에서 대낮에 하는 것은 우리 청소년들과 국민들에게 적합하지 않습니다.

또 우리는 학부모와 교육자로도 마땅히 반대해야 됩니다. 국민대회와 교계에서는 연합기도회가 있습니다. 2시부터 4시까지는 함께 모여서 연합기도회를 하면서 우리가 빛과 소금이 되지 못했던 죄악을 철저히 회개하고, 또 동성애자들을 축복하며 그들이 죄악에서 돌이키도록 기도하고, 우리 자녀 세대의 거룩을 위해서 기도할 것입니다. 또 4시부터는 생명, 가정, 효 페스티벌 국민대회를 합니다. 동성애 축제 프로그램이 저녁 7시까지 진행되니까 우리도 그렇게 하면서 하나님이 우리에게 주시는 생명과 가정의 가치, 또 효의 가치를 강조할 터인데, 여러분이 나와서 몸으로 표현해 주어야 합니다. 이 나라의 대통령과 국회위원들과 위정자들은 유권자들의 수는 봅니다. 어디가 더 많이 모였는지를 봅니다. 작년에 동성애자들보다 기독교 모임이 세 배 이상 많이 모였었습니다. 이번에 더 많이 모여서 우리가 거룩한 집회를 하고, 우리가 하나님의 뜻을 우리의 몸으로 나타냄으로 우리 사회에 좋은 신호를 보여 주었으면 좋겠습니다. 그래서 대통령과 위정자들도, 또 서울 시장과 서울 시청도 다음부터는 이런 결정을 하지 않도록, 그렇게 우리가 진리를 표명하는 좋은 연합이 있기를 바라고 참석과 기도를 부탁드립니다.

이변   한국 교회 그리스도인들이 한 번 와서 도대체 무슨 일이 일어나고 있는지를 보시면 좋겠습니다. 그냥 말로만 듣는 것이 아니라 직접 와서 보고, 그걸 한 번 보면 기도하지 않을 수가 없거든요. 가만히 있을 수가 없어요. 어떤 일들이 벌어지고 있는지, 모든 분들께서 다 나와서 한 번 보시고 또 함께 기도하는 그런 시간을 좀 가지면 좋겠습니다.

6장

동성애와 보건의료 바로 알기

염만섭 원장(수동연세병원)

이태희 변호사(그안에진리교회 담임목사)

　동성애의 보건 의료적인 측면에 대한 문제라는 주제를 살펴보도록 하겠습니다.

염만섭원장　　동성애에 대한 폐혜 그리고 위험성을 알리고자 하는 요청들이 있어서 제가 본 것, 그리고 알고 있는 것에 대해서 말씀드리고 있습니다.

이태희변호사　　사실 우리나라에서 에이즈 환자를 가장 많이 치료한 분이 원장님이시잖아요?

염　　정확히 세어 보지는 않았지만 7만 번 이상

이변　　우리나라에서 어떻게 보면 원장님만큼 동성애자들이 겪고 있는 여러 어려움과 아픔과 피해를 더 잘 아는 분이 없을 만큼 이 분야의 권위자이신데, 이 보건 의료적인 부분에 대해서 어떤 객관적인 수치라든지 우리가 동성애 문제 실체에 대해서 알아야 될 부분들을 충분히 설명을 해 주셨으면 좋겠습니다.

염　　대한민국에서 에이즈 감염의 주된 진원지가 남성 간의 항문 성 관계, 남성 동성애임은 분명한 의학적인 진실입니다. 그런데 이 부분이 잘 알려지지 않은 이유는 동성애 단체의 반발을 의식해서 증언하는 것을 꺼려하기 때문입니다. 그리고 이 남성 간의 성관계로 인해서 에이즈에 감염되면 모든 치료 비용, 입원비, 간병비까지 국민 세금으로 지급을 하고 있기 때문에 국민들에게도 그 여파가 상당히 있다고 볼 수 있겠습니다.

이변　　저는 이게 너무 충격적이었어요. 100%요.

염　　예, 100%입니다. 심지어 간병비까지 지원받는 질병은 에이즈밖에 없습니다. 나라를 위해 싸우다 최근에 군에서 발목 지뢰가 터져 발목 하단 부위 절제 수술을 받은 병사들도 있었는데, 그런 병사보다 훨씬 더 높은 수준의 혜택을 받고 있습니다. 병사들조차 간병비는 본인이 내는데 유독 동성애로 에이즈에 걸리면 간병비까지 100% 국가가 지원하며, 국립 병원 같은 경우 에이즈 장기 입원 환자들이 현재 입원 중인데, 이런 국가가 지원하는 치료비 말고 간병비로만 한 달에 월 180만 원씩 현찰로 지급되고 있습니다. 저와 여러분의 세금으로 지원되고 있는 것입니다. 나라를 지키는 것보다 남성 간의 항문 성교 행위가 더 국가를 위한 행동인지 의구심을 갖게 됩니다.

이변　　이 사실을 국민들이 알면 깜짝 놀랄 텐데요. 그러니까 결국 이 동성애자들이 남성 간의, 특별히 남성 간의 항문 성 관계를 통해서 에이즈에 걸리면 동성애자들에게만 피해가 가는 것이 아니라, 결국 우리 국민 모두가 피해자가 되고 있다는 것이지요?

염　　네. 심지어 작년 12월이니까 한 6개월 됐다고 볼 수 있겠습니다. 작년 12월에 의료법시행령이 개정되면서 동성애로 인해 에이즈에 걸린 사람들에게 국가가 평생 국민 세금으로 100% 지원해 주겠다고 발표하면서 요양 병원계에 굉장한 파장이 일었었습니다. 부모님을 노인 요양 병원에 입원시키면 일반적으로 한 달에 치료비 70만 원과 간병비 40만 원, 도합 110만 원을 매달 내야 합니다. 국가 보훈 대상자들조차도 노후를 완벽하게 보장하고 있지 못하는 이 나라에서 유독 동성애로 에이즈에 감염된 이들의 노후를 보장해 주겠다고 국가가 발 벗고 나서는 이유에 대해서 상당한 의구심을 가지고 있습니다.

이변　　저는 도저히 이해할 수 없습니다. 그러니까 지금 정책적으로, 교육적으로, 제도적으로 동성애는 사랑이고 에이즈와는 아무 상관이 없다고 계속 홍보하면서 결국 그 동성애로 말미암아 발생한 에이즈 치료비용은 국민 세금으로 다 대주고 있고, 심지어 노후까지 보장해 주고 국가 유공자보다도 훨씬 더 좋은 대우를 받고 있다는 것은 참 충격적입니다.

염　　심지어 에이즈 환자들은 입맛 없다고 국가에서 반찬까지 배달해 줍니다. 그렇게 하는 표면적 이유는 상당한 수준의 혜택을 에이즈 환자들한테 제공해야지만 그들이 불특정 다수에게 보복성

성 관계를 하지 않아서 에이즈 신규 감염률이 줄어들 것이라는 이유를 내세우고 있습니다. 그러나 미국, 아프리카까지도 에이즈 신규 감염률이 줄고 있는데, 대한민국만 기하급수적으로 늘고 있는 거의 유일한 나라인 것을 보면 정책의 의도와는 정반대의 현상이 나타나고 있다고 볼 수 있겠습니다.

이변　　특별히 남자 동성애자의 경우는 항문 성 관계를 갖지 않습니까? 이 항문 성교가 얼마나 위험한 것이고 그것을 통해서 겪게 되는 여러 다른 형태의 질병들에 대해서 좀 더 구체적으로 설명해주십시오.

염　　미국 질병관리본부 홈페이지를 보면 항문 성 관계의 위험성에 대해서 온 국민, 특히 남성 동성애자들이 알 수 있도록 게시하고 있는데, 항문 성 관계를 1회 했을 때 에이즈 감염률이 68%라는 수치를 보고하고 있습니다. 항문 성 관계 한 번에 에이즈 걸릴 확률이 70%, 거의 다 걸린다는 겁니다. 운 좋은 사람 어쩌다 한 명 안 걸리는 거라고 할 수 있습니다. 실제로 영화의 소재로도 한 번 쓰였던 이야기로 어떤 집창촌에서 일하는 여성이 있었는데, 이 여성이 에이즈에 감염이 됐지만 그 사실을 숨기고 집창촌에서 일했습니다. 그래서 그 지역에 있는 많은 남성들이 이 여성과 성 관계를 가졌었는데, 나중에 이 여자가 에이즈 환자라는 것을 알게 돼서 그 지역의 남성들을 모두 보건소에 소환해서 검사를 했지만 단 한 명의 남성도 에이즈에 감염이 되지 않았습니다.

이변　　에이즈에 감염된 여성과 성 관계를 가졌음에도 말입니까?

염　　예. 수많은 남성들이 그 여자와 성 관계를 가졌음에도 에이즈에 감염된 남성이 전혀 없었습니다. 그런데 그 지역에서 조금 떨어진 바닷가의 특별히 기업들이 많이 들어가 있는 모 지방 도시에서 어떤 30대 회사원이 회식 이후에 택시를 타고 집에 가려니까 택시비가 아까워서 가까운 찜질방에서 잠을 잤는데, 자다가 의문의 남성에게 성폭행을 당했습니다. 남자가 남자에게 성폭행을, 항문 성 관계를 강제적으로 당했는데 그 한 번의 성 관계로 에이즈 환자가 됐습니다.

　그만큼 항문 성 관계와 에이즈의 연관성, 감염률은 타의 추종을 불허하며 에이즈의 아주 직접적인 감염 원인이 된다고 말씀드릴 수 있습니다. 에이즈에 감염되면 우리가 영화에서 보는 것처럼 면역력이 떨어진, 마치 이전의 백혈병 환자를 아름답게 그렸던 것처럼 그런 아름다운 모습으로 지낼 수 있는 것이 아닙니다. 에이즈 바이러스는 면역력만 떨어뜨리는 것이 아니라 뇌세포를 갉아먹습니다. 쉽게 말하면 뇌를 잡아먹습니다. 그래서 뇌세포를 갉아먹은 부위에 따라서 반신마비, 전신마비, 식물인간 상태가 됩니다. 놀랍게도 미국 에이즈 장기요양시설에는 몸이 너무나 많이 깨졌기 때문에 평생 요양병원 신세를 져야 하는 에이즈 환자가 입원하는 곳인데, 평균 입소 연령이 불과 41세입니다. 그러니까 41세부터 몸이 완전히 망가진 채로 여생을 지내야 된다는 것은 너무나 불행한 일이기 때문에 동성애는 꼭 막는 것이 동성애자들을 위해서도 굉장히 유익한 일이 될 것이라고 분명히 말씀드릴 수 있겠습니다.

이변　　에이즈 외에 또 다른 질병들도 있나요?

염　　　항문암, 그리고 매독 등 이런 질병들도 동성애자들에게 이루 말할 수 없을 정도로 높게 발생하고 있습니다.

이변　　여성들 간의 성 관계에서는 어떤 특별한 질병이 발생하지 않습니까? 혹시 여성 동성애자들 사이에서도 어떤 보건적 문제가 있습니까?

염　　여성 동성애자의 정의가 사실은, 동성애 진영에서 동성애와 에이즈의 연관성을 깨기 위한 어떤 조작된 질문이라고 볼 수 있습니다. 사실 여성 동성애자의 정의 혹은 내역을 보면 호주에서 여성 동성애자 레즈비언 대상 연구가 있었습니다. 호주도 굉장한 성개방 국가인데, 레즈비언이라고 응답한 사람을 대상으로 남성과 성 관계 한 적이 있는지, 그리고 여성과 성 관계를 한 적이 있는지를 조사했습니다. 조사를 해 보니까 레즈비언이라고 스스로 응답한 여성들이 평균 성 관계를 갖는 남성 파트너 수가 55명이었습니다. 그런데 호주 같은 경우 일반인 여성, 레즈비언이라고 응답하지 않은 여성들은 평균 5.5명의 남성과 성 관계를 갖고 있다고 응답했습니다. 그러니까 오히려 레즈비언이라고 응답한 여성들이 일반 여성들보다 10배 이상의 남성과 성 관계를 갖고 있었습니다. 사실은 레즈비언의 거의 다수가 양성애자라는 조사 결과를 보면 쉽게 말해 성 중독에 가까운, 남성과도 수많은 성 관계를 갖다가 또 다른 어떤 쾌락을 얻기 위해서 여성과도 가져보는, 즉 양성애자 혹은 성 중독자의 모습이 강했지 레즈비언 하면 연상되는 여자만 좋아하는 그런 사람들은 극히 일부였습니다. 레즈비언들은 50명 이상의 남성, 그리고 또 다른 수많은 여성들과 성 관계를 하기 때문에 에이즈, 매독 등 온갖 질병들이 일반 여성보다 훨씬 많다는 연구 결과가 나왔습니다.

이변　　성 중독 이야기를 하셨는데 동성애와 에이즈는 상관이 없다는건 정말 의학적으로 말이 안 되는것 같은데요.

염　　예, 대표적으로 의학적인 진실을 인권운동이라는 평계로 억압하는 것에 대해 억울함을 느낍니다. 왜 과학적인 사실을 이렇게 동성애자들이 억누르는지, 그에 대해 저는 상당한 반발감을 가지고 있습니다.

이변　　특별히 에이즈 환자들은 옆에서 직접 지켜본 의사로서 충분히 그런 생각을 가질 수 있을 것 같습니다. 지금 성 중독 증상이라는 이야기를 하셨는데, 결국 사람이란 존재가 영혼과 육신의 연합체 아닙니까? 우리를 창조하실 때 흙으로만, 육으로만 만드신 것이 아니라 영적인 존재로 만드셨기 때문에 그 어떤 육적인 삶이 결국은 우리의 영적인, 혹 삶에도 직접적인 영향을 미치잖아요. 그러다 보니까 여러 정신적인 문제, 또 우울증이라든지 그런 어떤 정신적 질환을 좀 많이 일으킬 것 같은데, 어떻습니까?

염 　그렇습니다. 미국의 에이즈 장기요양시설에 입소한 남성들을 대상으로 이미 연구가 다 되어 있기 때문에 사실 동성애자 단체가 반박할 수가 없을 정도인데, 여기에 대한 연구결과도 국내에 너무 알려지지 않고 있는 것에 대해서도 가슴 아프게 생각합니다. 에이즈 장기요양시설에 입소한 에이즈 환자들 중에서 무려 48%가 심각한 신경계 질환을 앓고 있었고, 정신 질환이 44%, 마약 중독자가 57%였습니다. 그리고 에이즈 말고도 다른 약을 11가지 종류를 먹을 정도로 이미 심각한 여러 가지 질병에 이환되고 있었습니다. 그런데 이 사회에서는 에이즈에 걸린 동성애자들이 이런 모습을 가지고 있다는 것을 애써 숨긴 채, 왜 미화하는 데 앞장서는지 이해할 수 없습니다. 그들을 우리가 잘 돌봐야 되고 또 따뜻하게 사랑으로 품어 안아야 되지만, 이런 진실까지 왜곡하고 왜곡된 진실에 무조건 동조하라고 저 같은 의료인들에게 강요하는 것은 납득하기 어렵습니다.

이변   가슴이 답답한 생각이 듭니다. 특별히 동성애와 에이즈의 연관성을 부정하고 또 동성애는 인권의 문제다, 사랑의 문제라고 이야기하는 가장 핵심적인 전제가 있지 않습니까? 바로 동성애는 선천적인 것이라고 하면서 동성애 선천성을 전제로 동성애는 사랑이지 윤리적인 문제가 아니라는 입장을 취하고 있는데요 동성애는 선천적인 것입니까?

염   절대 아닙니다. 의학적인 사실을 그렇게 왜곡시키는지 정말 이해가 안 됩니다. 이전에 황 모 서울대 교수님이 줄기세포 관련 연구, 굉장한 뜨거운 이슈를 불러 일으켰는데, 그 이상의 이슈가 되어야 한다고 생각합니다. 동성애의 선천성을 밝힌 논문, 그것은 딘 해머라는 미국 의학자가 1990년대에 과학 잡지 사이언스에 발표한 논문입니다. 그는 Xq28이라는 유전자가 동성애를 유발시키기 때문에 이 유전자를 갖고 태어나면 원하든 원치 않든 동성애자가 된다는 논문을 실었습니다. 그런데 불과 몇 년 후에 Xq28은 전혀 동성애를 유발시키는 유전자가 아님이 발견되었고, 딘 해머가 남성 동성애자였음이 드러났습니다. 그러니까 사실은 남성 동성애자가 동성애 진영에 유리한 이론적 토대를 제공하기 위해서 논문이 조작된 것 아니냐 하는 의구심을 가지고 있는데, 이후에 딘 해머가 동성 애자였고, Xq28도 전혀 동성애 유발 유전자가 아니라는 내용은 유통이 안 되고 아직까지도 동성애는 선천적이라는 내용만 기계적으로 반복하고 있는데, GWAS라는 최첨단 유전자 기법으로 사람 유전자를 샅샅이 조사를 해 봤을 때 전혀 동성애 유발 유전자는 발견되지 않았습니다.

즉, 동성애는 유전도 아니고 선천적도 아닙니다. 스웨덴에서 일란성 쌍둥이를 대상으로 조사를 했는데, 스웨덴은 특이하게 쌍둥이를 국가에 모두 등록시키는 제도가 있습니다. 그래서 쌍둥이를 대상으로 연구하기에 좋습니다. 일란성 쌍둥이를 대상으로 어떤 연구를 했냐면 게이인 일란성 쌍둥이, 한 명이 남성 동성애자입니다. 연구의 초점은 남성 게이의 쌍둥이 형제가 과연 게이일까 하는 것이었습니다. 그런데 일란성 쌍둥이는 유전자가 두 형제가 똑같습니다. 그리고 엄마 뱃속에 같이 있었기 때문에 엄마의 호르몬의 영향, 방사능을 쪼였던 뭘 잘못 드셨던, 영향이 똑같습니다. 그런데 게이인 쌍둥이 형제를 보니까 95%가 일반인으로 살고 있었습니다. 남성 동성애자다. 복제인간을 만들고 심지어 어머니 뱃속에 같이 들어갔다 나와도 그 친구는 이성애자로 살 확률이 95% 이상이니까 동성애는 전혀 선천적이지 않고 타고나는 것이 아니라는 것이 의학의 결론입니다.

이변　그러면 그 치료한, 우리 병원에서 치료하신 동성애자, 또 에이즈 환자들 가운데, 그들은 어떤 경로로 대부분 동성애자가 되었나요?

염　동성애에서 벗어나고 싶어 하는 청년들도 상담하고 있는데, 80%는 게이 포르노의 영향을 받았습니다. 남성 간의 성 관계를 담은 게이 포르노의 영향을 받아서, 그것을 매일 보다 보니까 뇌가 학습이 돼서 어느 순간부터는 옆에 있는 남자 애들을 봤을 때 성욕을 느끼게 되고, 그러다 게이 커뮤니티에 가입하게 되고, 거기서 성인 동성애자들을 만나서 성 관계를 갖게 되면서 차근차근 동성애자가 되는 사람이 80%였고, 약 20%는 어렸을 때 다른 성인 남성에게 잘못된 성 접촉을 받은 경우였습니다. 그래서 사실은 동성애 문제의 가장 큰 원인은 음란물 중독, 포르노 중독, 그리고 어렸을 때의 잘못된 성 경험 때문입니다. 이 두 개는 우리가 그리스도의 복음 안에서 치유해야 될 주제입니다. 그런데 동성애는 선천적이고 인권이니까 내버려두어야 하며 전혀 터치해서는 안 된다고 하는 것은 성적 상처를 가지고 평생 살아야 된다, 혹은 포르노 중독으로 평생 살아야 된다고 그들을 몰아세우는 것 같아서 상당히 유감스럽게 생각합니다.

이변　　지금 에이즈로 입원한 환자들의 연령대는 어떻게 되나요?

염　　저희 병원도 비슷하게 입소 연령은 평균 41세 정도입니다.

이변　　지금 젊은 층에서 좀 늘어나는 추세인가요?

염　　우리나라의 경우는 10대, 20대 에이즈 감염률이 기하급수적으로 늘고 있어서 이 부분이 가장 큰 우려가 되고 있습니다. 작년에 에이즈 신규 감염인의 가장 절대적 다수를 차지한 1위 연령대가 20대였습니다. 그래서 젊은 세대들에게 아주 직접적인 타격을 주고 있다고 설명할 수 있겠습니다.

이변　　최근에 바텀 알바라는 신종 알바가 우리 청소년들 사이에, 특별히 가출 청소년들 사이에서 유행하고 있다고 하는데, 이것에 대해 설명해 주십시오.

이변　　얼마 전 뉴스에서 굉장히 크게 보도되었던 남성 간의 살인 사건, 그것도 사실은 바텀 알바와 연관이 되어 있습니다.

이변　　최근에 그 토막 살인 사건 말이군요.

염　　동성애자들 세계에서 통용되는 누구나 다 아는 은어가 있습니다. 뭐냐 하면은 동성애자 앱에 자신의 광고를 내서 내 항문을 시간당 얼마에 팔겠다, 그리고 동성 간에 성 관계를 하는데 이 정도의 돈이면 된다고 광고하는 것입니다. 수요와 공급의 법칙에 의해서 옛날에는 시간당 9만 원을 줬는데, 최근에는 가출 청소년들이 너무 많이 그쪽으로 빠져들어서 시간당 3만 원까지 떨어졌다고 합니다. 가출한 아이들은 돈이 필요하기 때문에 불과 몇 만 원에 에이즈에 노출되고, 감염이 되는 위험한 현상을 보이고 있습니다.

이변　　앱이 있다구요?

염　　동성애자들만 사용하는 SNS 시스템이 있는데, 우리가 카카오톡이나 페이스북을 쓰는 것처럼 동성애자들은 이런 어플을 쓰고 있습니다. 이 어플의 특징은 어플을 클릭하면 주변에 있는 동성애자들이 검색이 됩니다. 몇 킬로 떨어져 있는지, 몇 미터 떨어져 있는지, 그리고 그 친구의 얼굴과 벗은 몸까지 검색되니까 맘에 드는 친구가 있으면 클릭을 해서 쪽지를 보내고 카카오톡으로 대화 하는 것처럼 대화를 나누고, 가격을 흥정해서 만나 성매매를 하고 있습니다. 실제로 제가 지금 가지고 있는 증거 자료도 있는데, 한 16남이라는 16세 남자 아인데 그걸 보고 '아, 이 친구 괜찮다' 싶으면 클릭을 해서 걔하고 만나서 돈을 지불하고 항문 성 관계를 맺는 것입니다.

이변　　그러니까 가출한 청소년들 사이에 에이즈 환자 비율이 급증할 수밖에 없겠네요.

염　　그럴 수밖에 없습니다.

이변　　특별히 나이 든 동성애자들은 어린아이들을 더 선호한다면서요?

염   맞습니다. 그게 참 동성애의 안 좋은 흐름, 혹은 영적인 흐름, 분위기라고 볼 수 있습니다. 왜냐면 항문 성 관계를 하면 할수록, 어린 친구일수록 성적 쾌감을 많이 준다는 것을 알게 되는 거지요. 그래서 선호 연령이 점점 어려지기 때문에 우리가 천인공노하는 겁니다. 동성애자들도 굉장히 괴로워합니다. 왜냐하면 동성 연애를 하면 할수록 어린 아이들을 건드리기 시작하니까, 하고 나면 본인들도 엄청난 스트레스를 받고 죄책감과 자괴감에 빠집니다. 그런데 어떤 성적인 쾌감을 못 잊기 때문에 점점 더 어린 애들을 건드리기 시작합니다. 정말 이 동성애 문제는 단순한 사랑의 문제가 아니고 복합적으로 봐야 되는 것입니다.

이변   우리 사회에서 동성애는 인권이라는 이름으로, 이번 주 토요일에는 퀴어 문화 축제라는 이름으로 엄청난 국가적인 잔치를 벌이고 있지 않습니까? 동성애는 확산이 되고 나면 우리 어린 자녀들이 최대 피해자가 될 수 있다는 거잖아요. 정말 우리 자녀들을 어떻게 키우고 어떻게 보호해야 될지, 가장의 역할과 교회의 역할이 그 어느 때보다 정말 중요하다는 생각이 듭니다.

　이번 주 토요일(2016.6.11) 퀴어 문화 축제가 서울 시청 광장이라는 대한민국 서울의 가장 중심적인 장소에서 펼쳐지는데요, 우리 사회가 이런 퀴어 문화 축제로 상징되어지는 동성애의 그림자로부터 자유해질 수 있도록 우리 한국 교회와 그리스도인들이 또 어떻게 해야 할 것이며, 특별히 퀴어 문화 축제를 바라보는 우리 그리스도인들의 태도와 자세는 어떠해야 되는지 마지막으로 말씀해 주시면 감사하겠습니다.

염   동성애 문제는 단순히 인권의 문제로 볼 수 없다는 것이 저의 분명한 의견입니다. 왜냐하면 제가 현장에서 본 동성애는 분명히 질병과 연관되어 있고, 그 외의 많은 사회 병폐와도 연관되어 있기 때문에, 단순히 이것을 사랑이나 인권으로 보기에는 너무나 큰 무리가 있습니다. 이 부분에 대해서 우리 기독교인이 나라를 살린다는 심정으로, 그리고 우리의 젊은 세대를 살린다는 심정으로 기도하면서 행동해야 된다고 생각합니다. 예수님도 이 땅에 오셨을 때 골방에서 기도만 하신 것이 아니라 그 사랑을 행동으로 보여 주시고 나중에는 십자가에 못 박혀 죽으시기까지 하셨습니다. 우리 예수님의 제자들, 예수님을 따르는 기독교인들은 예수님을 본받아서 기도도 물론 충실히 해야 되지만, 일어서야 할 때는 일어서는 용기를 내야 합니다. 그리고 예수님이 십자가를 지고 골고다 언덕을 올라가신 것처럼 우리도 나에게 어떤 피해나 동성애자들의 반발 같은 것 때문에 겁내고 위축되는 것이 아니라 하나님이 원하시는 자리까지 나아가야 한다고 생각합니다.

7장

퀴어 문화 축제에 반대하는
한국 교회

박만수 목사(한교연 동성애대책위원장)

이 규 목사(신촌아름다운교회)

이태희 변호사(그안에진리교회 담임목사)

이태희변호사　　요새 퀴어 문화 축제를 반대하기 위해서 어떻게 준비하고 계시는지 간략하게 설명 해 주십시오.

박만수목사　　네, 지금 한기총, 한교연, 한장총, 한국 전체 네트워크를 통해서 하나된 한국 교회가 동성애를 막기 위해 6월 11일 오후 2시 덕수궁 대한문 앞에서 퀴어 축제 저지를 위해서 첫째는 기도회를 2시부터 4시까지, 그리고 4시부터 약 7~8시까지 국민대회를 합니다. 이 국민대회는 무슨 기독교 모임이 아니고 한국 전체 사회, 기독교, 천주교, 불교, 유교, 하여간 모든 종교를 총망라하고 모든 NGO 단체, 기관 그리고 여러분이 오셔서 같이 일을 진행하고 많은 축제 공연도 같이 펼쳐지게 됩니다.

이변　　정말 말 그대로 국민대회네요. 대한민국의 동성애 확산을 우려하는 많은 분들이 함께 모여서 목소리를 내는 그런 시간으로 저희가 준비하고 있구요. 이규 목사님께서는 퀴어 축제 앞두고, 많이 바쁘시죠?

이규목사　교회 목사로서 한국 교회가 결정한 부분에 대해서 잘 따르고 순종하면서 특별히 청년들을 중심으로 효와 생명과 가정이라는 주제로 아이들에게 동성애를 대안할 수 있는 것을 알리고, 또 그 대회 참여할 수 있도록 독려하고 있습니다.

이변　　특별히 목사님 교회에는 청년들이 많이 있죠? 동성애 부분에 대해서 그리스도인 가운데서도 특별히 젊은 세대들은 좀 우호적으로 생각하는 경향들이 좀 많아지고 있지 않나요?

이규　　예, 많이 있습니다. 사실은 많은 미디어들이 동성애를 긍정적으로 그리고 있기 때문에 사실 일반적으로는 긍정적으로 생각하는 것 같습니다. 그러나 저희 교회에서는 아무래도 많이 가르치고 동성애에 대한 내용과 또 본질적인 신앙적인 부분을 가르치다 보니까 대체적으로 청년들이 이제 복음주의 입장에서 동성애를 이해하고 또 동성애자들에 대한 어떤 긍휼의 마음과 동성애를 철저히 배격하는 이 두 가지를 잘 자리 잡아 가고 있는 중입니다.

이변　　균형 잡힌 인식이 매우 중요한 것 같습니다. 동성애 문제점을 인식하면서도 한국 교회가 동성애자들을 대하고 받아들여야 하는 균형 잡힌 인식이 많이 필요할 것 같습니다. 특별히 이 퀴어 축제는 서울 시청이라는 대한민국의 가장 상징적이고 중심적인 장소에서 문화라는 이름으로 해마다 벌써 2000년부터 16년째 하고 있는데, 특별히 작년부터는 서울 시청 광장에서 하고 있지 않습니까. 한국 교회가 이 동성애에 대해서 강력한 목소리를 내야 하는 이유, 어디에 있다고 보십니까?

박　　한국 교회가 반대하는 이유는 뚜렷합니다. 첫째는 성경에서 벗어난 일이고, 민수기에서는 동성애를 하는 자들은 죽이라고 했고, 신약성경에서도 그런 일을 하나님이 가장 싫어하시는 일이라고 했기 때문입니다. 또 무엇보다도 동성애를 해서 망하지 않은 나라는 하나도 없습니다. 과거의 소돔과 고모라뿐만 아니라, 로마의 그 강한 군대가 망한 것은 로마 군대가 동성애를 했기 때문에 망했 잖아요. 우리나라도 지금 군 동성애를 조장하는 국회위원들이 있 고, 지금 이 동성애를 하는 사람들이 어쨌든 군대나 젊은이들을 상 대로 해서 그들을 무너뜨리려고 갖가지 방법을 동원하고 있잖습니 까. 동성애는 청소년들에게 너무나 유해하고 청소년들이 무너지면 우리나라의 장래도 없습니다. 그리고 질병을 많이 유발시켜 에이즈 라는 질병으로 일 년에 1조 이상의 엄청난 세금 폭탄이 그들에게 들 어가고 있지 않습니까? 그러니까 이런 일들은 국가의 폐해적인 일 이고 이 일을 통해서 그 개인이 망하고 집안이 망하고, 이 나라까지 도 망하게 하기 때문에 동성애는 반드시 막아야 될 절대 악의 요소 인 것입니다.

이변　　동성애라는 게 결국 건전한 성 윤리를 붕괴시키는 일이 잖습니까. 그래서 사실 어떻게 보면 동성애뿐만 아니라 하나님께서 인간에게 허락하신 가장 중요한 윤리 영역 중 하나인 이 성 윤리를 사실상 근본적으로 무너뜨릴 수 있는 부분이라는 생각이 드는데, 이규 목사님께서는 우리 한국 교회가 특별히 동성애를 반대해야 되 는 이유, 어디에 있다고 보십니까?

이규　　　예, 모든 현상들은 본질적인 부분이 매우 중요합니다. 동성애는 대표적인 현상이고 또 그 외에 우리에게 사회 전반적으로 일어나고 있는 이런 현상들을 가만히 보면 결국에는 이것이 어떤 본질적인 부분은 그 마음에 하나님을 두기를 싫어하는, 반신앙적인 아주 개인적이고 인본주의적인 사상이 밑바탕에 깔려 있는 거죠. 그에 대한 어떤 상징적인 현상으로서 동성애가 있는 것이고, 동성애가 허용되는 순간 그런 인본주의적인 모든 것들이 법률화되고 문화가 됨으로 인해서 더 이상 우리 자녀들이 그런 반신앙적인 환경 안에서 자랄 수밖에 없는, 그러니까 마치 한 마리 물고기가 건강하게 살고 싶어도 어항 자체가 오염이 되면 그 물고기가 오염되어 살 수밖에 없는 것처럼 이 사회 전반적으로 반신앙적이고 반 하나님적인 문화가 흘러가고 사상이 흘러가면 다음 세대가 제대로 된 신앙생활을 할 수 없기 때문에 이 골든타임이라고 흔히 말하는 이 시기에 우리가 막아서야 합니다. 더 이상 법률적으로 사상과 문화적으로 확산되지 않도록 하기 위한 것입니다.

또 반대로 이제 이것을 원하는 그룹에서는 이처럼 서울 광장이라고 하는 상징적인 곳에서 이런 문화 축제를 지속적으로 함으로써 그들이 원하는 법률의 제정과 또 문화의 확산을 원하고 있는 것입니다. 그래서 우리들은 이 부분에서 반드시 막아야 되겠고, 무엇보다도 우리 신앙인의 입장에서는 가장 근본적인 절대 가치가 성경인데, 신구약 성경 모두 다 이 동성애에 대해서 부정적으로 말하고 있습니다. 결국 모든 신앙인들을 병들게 만들고 사회를 병들게 만드는 이야기들이 역사 속에 기록되어 있는 것처럼 그래서 오늘날 우리가 이 대한민국에서도 이러한 일들이 진행되지 않도록 하기 위해서 누군가는 막아서야 되는데 그걸 막아설 수 있는 그룹이 대한민국에는 없습니다. 사실은 어떻게 보면 우리 복음주의 기독교 입장에서만 이것에 대해서 문제점을 알고 행동할 수 있는 유일한 그룹이기 때문에 한국 교회가 이 시기를 놓치지 말고 일어나서 이 법률의 제정의 문제와 확산성을 막아서야 된다고 생각합니다.

이변　　　박만수 목사님께서는 동성애가 동성애자들뿐만 아니라 가정과 국가에 끼칠 수 있는 해악 때문에 한국 교회가 반드시 막아야 된다고 말씀해 주셨고, 이규 목사님께서는 하나님의 동성애라는 문화코드 안에 담겨진 하나님을 하찮게 여기는 그 어느 시대정신이 동성애 문화를 통해 우리 사회에 깊이 뿌리 내릴 수 있기 때문에 이 부분에 대해서 명확한 목소리를 한국 교회가 내지 않으면 안 된다고 말씀하신 것으로 정리하면 좋을 것 같습니다.

　그러면 이제 동성애가 문제가 있다는 부분에 대해서 대부분의 그리스도인들은 다 동의하는 부분인데요, 이제 동성애'자'에 대해서 우리가 어떻게 할 거냐, 소위 죄는 미워하되 죄인은 미워하지 말라는 그런 격언도 있듯이 한국 교회가 동성애의 문제점에 대해 명확하게 목소리를 내는 것은 너무나 중요합니다. 그렇다면 이제 그 동성애가 정상적인 것이라고 믿고 그렇게 살아가는 동성애자들에 대해서는 우리가 어떻게 할 것인지, 이 이슈가 사실은 교회 안에서조차 갈등을 일으키는 중요한 요소가 되고 있지 않습니까? 그 부분에 대해서는 어떻게 생각하고 계시는지 박만수 목사님 말씀해 주십시오.

박　　우리가 시청에 모여서 하는 일에 대해 많은 분들이 우려하는 부분은 마치 기독교가 동성애자들을 박해하는 것처럼 비친다는 것입니다. 그러나 그렇지 않습니다. 그것은 오해입니다. 동성애는 분명히 죄입니다. 그러나 우리가 그들을 미워하거나 하지 않고 그들도 하나님께서 변화시키면 구원받아야 될 아주 소중한 생명이기 때문에, 그들이 정말 동성애에서 벗어나기를 간절히 기대하기에 그들에게 그렇게 권하는 것입니다. 이번에 우리가 이렇게 대한

문 광장에서 모이는 것은 그들에게, 또 아니 세계 모든 인권위원이나 이런 인권단체 같은 곳에 한국 교회가 그들을 박해하는 것이 아니고 한국 국민 전체가 이것은 잘못되었기 때문에 막는다는 것이고 또 그들이 우리 교회로 들어왔을 때 그들을 우리는 품어야 됩니다. 사랑해야지요. 그 사람 자체는 사랑하고 그들을 용서해야 하고 그들을 품어야 됩니다. 그러나 그 죄를 지적하고 그들이 바른 길로 갈 수 있도록, 동성애를 벗어나도록 도와야 합니다.

이변　우리 한국 교회가 동성애자들을 진심으로 사랑한다면 그들이 동성애로부터 자유해질 수 있도록 도와주고 격려하고 함께 해 주는 것이 한국 교회의 중요한 책임이라는 말씀이시죠? 이규 목사님은 어떻게 생각하십니까?

이규　죄가 이렇게 관영하게 된 대한민국의 현상 속에서 오히려 우리들은 이 상황 속에 하나님의 마음을 좀 읽었으면 좋겠습니다. 하나님의 마음과 생각이 무엇일까? 그것은 바로 우리의 신앙의 본질의 회복이 아닌가. 한국 교회가 이 일로 인해서 죄의 관영함으로 인해서 그 신앙을 다시 한 번 회복하기를 원하시는 하나님의 깊은 뜻이 있다고 생각합니다. 그럼 신앙의 깊은 뜻은 뭘까, 본질이 뭘까, 그것을 저는 사랑이라고 생각합니다. 그런 의미에서 이 동성애자들에 대한 우리의, 예수님이 우리에게 가르쳐 주신 사랑의 마음을 잃지 않고 실천하는 일이 필요하다고 생각합니다.

그 사랑이야말로 사람의 마음의 문을 열 수가 있고, 또 특별히 동성애자들을 아픈 사람이라고 이해하고 죄 가운데 빠져 있는 연약한 사람으로 이해한다면 그 사람들의 마음을 녹이고 열 수 있는 방법은 사랑의 섬김입니다. 그러고 난 다음에 또 해야 될 것은 사랑의 섬김으로 마음을 열 뿐만 아니라 그들에게 진실을, 그리고 진리를 가르쳐주는 작업이 필요합니다. 그래서 그들에게 진실과 진리를 가르쳐주었을 때 거기서 벗어나고 싶어하는 그들에게 이전에 수많은 동성애자들이 회복된 좋은 프로그램과 또 성령의 역사들을 우리는 경험했기 때문에, 그런 것들을 교회 안에 적극적으로 우리가 수용해서 동성애자들을 치유하고 회복하는 사역이 좀 더 활성화되면 어떠하겠는가라는 생각을 해 봅니다.

사실 동성애자들이 저희 교회에도 몇 명이 다니고 있습니다. 그런데 이 친구들은 격려해 주어야 합니다. 동성애를 벗어날 수 있다는 격려가 필요하고, 또 그들의 손을 잡아주어야 되고, 그들을 정죄

하는 눈빛으로 바라보는 것이 아니라 우리들이 범하고 있는 수많은 죄들 중에 하나인데 이 죄를 회복할 수 있는 복음의 능력, 성령의 능력, 성결의 은혜를 맛볼 수 있는 기회를 제공하고 그들을 품어주는 인격적 교류가 있다면 분명히 동성애자들이 회복되고 치유될 수 있을 것이라고 확신합니다.

이변   정말 중요한 말씀 해 주셨네요. 그러니까 동성애가 여러 가지 죄 가운데 하나일 뿐이지, 동성애만이 죄인 것도 아니고, 그래서 우리 모든 그리스도인들이 사실 자신의 죄를 먼저 회개하는 마음으로 겸손한 자세로 동성애자들을 품어 주고, 또 그들이 죄로부터 자유해질 수 있도록 함께 해 주는 것, 그것이 너무 중요하다 그렇게 정리를 하면 좋을 것 같습니다.

그런데 이게 이제 교회 안에서조차, 아까 우리 이규 목사님께서도 잠깐 말씀하셨지만 특별히 젊은 세대들 가운데서 동성애에 관련한 여러 미디어, 또 교육의 영향으로 동성애를 긍정적으로 바라보는 경향이 계속 많아지고 있거든요. 그래서 어떨 때는 이런 것을 봐요. 동성애자들에 대해서는 우호적이고 관용적인 모습을 보이면서, 소위 말하는 기존의 교회, 그리고 교회 지도자들, 그러니까 동성애를 반대하고 분명한 목소리를 내는 교회에 대해서는 상당히 비판적인 모습을 특별히 보일 때가 있습니다. 그런 이들에 대해서는 어떻게 교회가 이렇게 동성애자를 품지 못하고 지적하고 비판하고 한국교회가 이런 식으로 계속해서 동성애자들을 거부하고 터부시하는 것이 과연 올바른 일인 것인지 하는 관점을 가지고 있는 우리 그리스도인들에 대해서 어떻게 설명해줘야 할까요?

박　　중요한 것은 그 사회도 마찬가지이고 교회도 마찬가지인데, 교육이라고 생각합니다. 지금 한국 교육이 큰 문제가 생기고 있는데, 신학을 하는 분들도 앞서가는 진보적인 사람들이 있단 말입니다. 작년의 예를 들면은, 그 시청 앞 퀴어 축제하는 곳으로, 소위 어느 교단의 성직자들이나 성도들이 들어가서 거기서 같이 깃발을 흔들면서 오히려 동성애를 같이 해야 한다고 주장하는 무리가 있지 않았었습니까? 그런데 이제 학교에서 어린아이들에게, 청소년들에게 소위 동성애가 좋은 것이고, 동성애를 해야 한다, 동성애를 어떻게 하는 거다, 이런 것까지 배우고 있습니다.

그런 영향을 받은 젊은이들은 소위 지금 한 20대 이전까지는 그런 영향이 굉장히 큽니다. 그래서 인제 교육이 문제인데, 젊은 사람들이 교회에서도 동성애를 우호적으로 많이 따르는 것 같지만 소수고, 한국 사회는 보수적인 사회이기 때문에 30대 이상의 어른들은 사실은 거의가 절대로 반대합니다. 이제 젊은 사람들이 문제인데, 이것은 교육적인 문제이기 때문에 교육계에서 빨리 되돌리지 않으면 안 되는 그런 사항인 것 같습니다.

이변   그러니까 반대를 하면서도 대부분의 젊은 그리스도인이든, 또는 연세가 있으신 그리스도인이든 그리스도인들, 성경을 진지하게 생각하고 믿는 분들은 대부분 인제 동성애를 부정적으로 생각하고 옳지 않다고 생각합니다. 근데 한국 교회가 이 동성애 문제, 또는 동성애자들을 대하는 태도 또는 방식에 대해서 약간의 불만 또는 이견이 있는 것도 좀 사실인 것 같습니다. 그런 부분에 대해서는 어떻게 생각하십니까?

이규   동성애를 너무 지나치게 자극적인 부분들을 강조하다 보면 혐오적인 느낌을 주는 단어들을 쓰는 것에 대해서 진지한 그리스도인들이 너무 동성애자들의 인격과 태도에 대한 문제가 있는 것이 아닌가 하는 지적을 받는 것도 있습니다. 사실 이 동성애 문제는 꽁장히 입체적이고 좀 다각적으로 접근을 해야 된다고 생각합니다. 무조건 반대만 할 게 아니라 때로는 동성애의 가능성들, 또 동성애가 아니라 동성애자들의 가능성들, 또 그들이 한국 교회 안에서 회복된 다음에 우리가 얻을 수 있는 희망적인 요소들도 동시에 이야기해 주었을 때, 신앙인들이 신앙이 깊은 사람들과 성서주의가 아주 잘 된 사람들도 있지만 성서주의까지 같지 않은 교회만 다니는 사람들의 입장에서는 그런 사랑의 모습들도 보여줘야 되는 것들이 있는 거죠.

그런데 왜 젊은 사람들은 이 한국 교회가 동성애를 반대하는 것을 반대하고 부정적으로 생각하냐면 그동안 한국 교회에 대한 부정적인 시각이 없지 않은 거에요. 그동안 한국 교회에 대한 윤리성과 도덕성에 대한 부정적인 생각들이 쌓여 있는 듯한 느낌이 있는 거죠. 그런 면에서는 우리가 꽁장히 반성해야 되고, 이 기회를 통해 교회의 어떤 성결성과 거룩성을 회복하는 꽁장히 중요한 계기가 되었으면 하는 마음도 있어요. 또 하나는 이런 것들을 진실을 말하지만 진실을 말했을 때 언제나 핍박을 받게 되는 또 복음의 어떤 그 특징들도 있는 거죠.

그런 면에서 우리가 이 부분을 생각해 보는 것이고, 특별히 제가 이야기하고 싶은 것은 많은 아이들이 공교육에 노출되었고, 오랫동안 미디어에 노출되어 있는 30대 미만의 아이들에게 동성애는 긍정적인 부분들을 찾고 너무 많이 들어있는 거죠. 그렇다면 사실 어느 면에서는 한국 교회가 눈높이를 좀 낮춰서, 이렇게 교육되고 있고 일종의 세뇌가 되고 있는 아이들에게 한국 교회 입장에서 무조건 혐오적인 반대나 강압적인 반대라기보다는 그것을 좀 풀어줄 수 있는 교육과 커뮤니케이션의 접근 방법이 조금 더 다각화되었으면 하는 마음도 있는 겁니다.

그래서 저는 청년들하고 만나면 동성애에 대한 실체, 그리고 또 결과물들을 알려주면 거의 대부분이 동성애를 부정적으로 생각하게 돼요. 특히나 요즘 아이들은 개인주의가 발달해서 선생님이 말해도 믿지 않고, 미디어에서 말한다고 다 믿는 것도 아닙니다. 또 목사님이 말해도 심지어 안 믿는 애들도 많은 거죠. 그런데 이게 오히려 좋을 수도 있어요. 왜냐면, 그 아이에게 정말 복음에 대한 좋은 모습과 정확한 진실과 데이터를, 팩트를 가르쳐준다면 아이들이 그 사실을 믿고 오히려 바뀌는 경우를 저는 많이 보거든요. 그러니까 무조건 반대도 중요한데, 때로는 어떤 가능성에 대한 사실에 근거한 커뮤니케이션도 있어야 하지 않겠는가 하는 생각을 합니다.

이변　　　우리 한국 교회가 너무 감정적으로 대응하기 보다는 동성애의 실질적인 문제들을 좀 더 객관적으로, 이성적으로 설득력 있게 많은 분들과 함께 나누는 것이 중요하다는 말씀을 주셨습니다. 우리가 서두에 잠깐 나누기는 했지만 내일 퀴어 축제가 서울 시청 광장에서 시작되지 않습니까? 저도 작년에 서울 시청에 나가서 퀴어 축제가 진행되는 것을 봤고 여러 가지 모습들을 보면서 상당한 충격을 받았었거든요.

박　　　작년 같은 경우는 서울 광장 한복판에서 옷을 다 벗고 거의 나체가 되다시피 노출시켰잖아요. 그럼 풍기문란죄로 반드시 잡아들여야 될 입장인데, 그것을 빤히 보면서 잡아들이기는커녕 그런 일이 세계 위성을 통해서 방송이 나왔고, 우리나라에서도 방송이 나왔단 말이에요. 이것은 방송사에서도 문제가 많고, 이런 일들이 이렇게 진행되도록 부추기는 정치인들도 큰 문제가 있는 것 같아요. 그래서 우리가 금년에 이런 일이 일어나지 않도록 해야 합니다. 그런 부분들은 정말 인상을 찌푸리게 하고 많은 사람들의 마음을 상하게 하지 않았습니까. 금년에는 그런 일이 일어나지 않도록 만들어야 되겠죠. 그리고 서울 광장이나 광화문 광장, 서울역 광장

같은 정말 중요한 한국의 얼굴과 같은 곳에서 이런 일이 일어나지 않도록 해야 합니다.

이변　　　장소가 상당히 중요하잖아요. 근데 많은 장소 가운데 특별히 서울 시청 광장이라는 한국의 대표 얼굴과 같은 장소에서 퀴어 축제를 매해 하겠다는 건데 저는 이 부분이 상당히 우려되는 것이 사실 이건 국민을 상대로 한 교육이거든요. 문화라는 이름으로. 동성애가 정상적인 문화의 하나라는 것을 국민을 상대로 하는 교육이기 때문에, 처음에는 좀 어색하고 약간 혐오감이 느껴지지만 이것을 해마다 하다 보면 익숙해지기 마련이거든요. 그래서 전 그 부분에서 상당히 우려스러운데 어떻게 생각하십니까?

이규　　　작년에 서울 시청에서 했는데 그 전에는 신촌과 홍대에서 했습니다. 저는 홍대에서 할 때부터 봤습니다. 보면서 작년 같은 경우 아까 말씀하신 대로, 거기 가면 아이들이 이렇게 오는데 방송에서 말하기도 어려운 성기 쿠키가 있어요. 성기 모양의 쿠키입니다. 여성 성기와 남성 성기 모양을 한 쿠키를 아이들이 먹게 하는 거에요. 핥아먹게 하고 씹어 먹게 합니다. 아이들한테, 그야말로 조그만 애들이죠. 심지어는 또 예수님 복장을 합니다. 그런데 하반신을 안 입었어요.

그리고 예수님이 동성애를 찬성하는 듯 보입니다. 제가 직접 사진도 찍을 정도로 최고의 시설이죠. 최고의 조명과 음향, 세계적 기업들, 또 세계의 어떤 대사관들이 재정과 권위를 보호해 줌으로 인해서 최고의 공연들을 하는데, 그 내용은 뭐 이루 말할 수 없이 아이들을 교육하고 국민들에게 알리는 그런 문화가 되겠죠.

퀴어 축제에 참여하는 사람들이 원하는 것이 무얼까에 대해서 이해해 볼 필요가 있습니다. 도대체 왜 서울시장님은 서울 광장의 사용을 자꾸 허락해 주려고 하고, 또 왜 이 대기업들은 계속 엄청난 돈을 후원하는지, 왜 우리의 우방국들은 이걸 자꾸 지원해 주는지에 대해서 말입니다. 이에 대해서 그들 각자가 가지고 있는 원하는 그림들이 있을 것입니다. 뭐 특별히 서울시와 관련되어 있는 것은 작년에도 교계 대표님들이 항의서한을 가지고 서울 시청을 방문했을 때 서울시의 말단 직원이 와서 받는, 그야말로 교단의 대표님들이 가셨는데도 불구하고 서울시의 중직도 아닌 말단 직원이 와서 받고는 "전달하겠습니다"라고 하는 거죠.

반대로 동성애자들이 축제를 했을 때는 서울의 고위급 공무원들이 나와 가지고 지원해 주는 일들이 벌어지는지에 대해 생각해 보니, 이것은 결국 표와 관련이 있는 생각이 듭니다. 이 사람이 재선과 당선과 관련되어 있는 것이 아니냐. 그런 면에서 이 동성애자들과 진보적인 그룹에서 이것을 허락해 주었을 때 본인에게 들어올 표와 반대하는 사람들, 죽어도 날 안 찍어, 그렇게 생각하는 그 셈을 하고 있지는 않을까. 그러니까 우리가 아무리 10만 명, 100만 명이 모여도 열어 줄 것, 계속 열어 줄 것이라고 하는 그런 문제. 예를 들어, 캐나다도 10만 명이 모여서 동성애 반대 집회를 했지만 결국 국회에서 통과가 되어서 동성 결혼이 합법화가 되었습니다. 그런 면에서 저는 정치인들과 우리 국민들이 정말 정신을 차려서 복음주의에 입각해 우리의 대표자들을 정확하게 뽑을 수 있는 그런 구조를 가졌으면 좋겠다라는 생각을 합니다.

이변　　두 분 퀴어 축제 직접 보시고 여러 가지 말씀을 해 주셨는데 저는 퀴어 축제를 보면서 또 우리 한국 교회가 이 부분에 대해서 단호한 목소리를 내는 것을 보면서, 이 퀴어 문화 축제를 오히려 한국 교회가 함께 기도하고 우리의 죄를 회개하고, 또 이 나라와 민족을 위해서 기도하는 계기로 또 삼으면 좋지 않을까 하는 생각을 하게 됐습니다. 그래서 퀴어 축제를 우리가 기도로, 회개로, 매해 같은 시기, 같은 장소에서 그렇게 우리가 부르짖으면 하나님께서 우리 민족에게 은혜를 베풀어주실 거라는 확신을 갖습니다.

자, 그렇다면 우리가 이제 이 동성애, 정말 전 세계적인 흐름을 타고 유엔, 아까 우리 이규 목사님께서 말씀하신 대로 미국을 비롯한 우리나라의 소위 우방국들이 인권이라는 이름으로 우리나라 정부를 압박하는 그런 상황 가운데 있지 않습니까. 그래서 사실 내부적으로 한국 교회가 반대한다고 해서 이게 무조건 막아질 수 있는 그런 상황도 사실은 아니에요. 사실은 국내외적으로 쉽지 않은 그런 상황 속에 있습니다. 그렇다면 이런 상황 속에서 특별히 그리스도인들과 또 그리스도인들 지도자들과 또 한국 교회가 이 부분을 어떻게 막아내고 우리나라만큼은 이 동성애나 동성 결혼이 합법화되지 못하도록 막아낼 수 있을지, 어떻게 하면 비둘기처럼 순결하면서도 뱀처럼 지혜롭게 이 문제를 대처할 수 있을지, 박만수 목사님부터 말씀해 주십시오.

박　　미국을 비롯한 유엔 인권위원회에서 지금 굉장히 압력을 넣는 것 다 알고 있는 사실입니다. 동성애를 허락한 나라는 20개국인데, 동성애를 반대하고, 동성애 금지법을 만든 나라는 80개국입니다. 우리나라에서 가까운 러시아에서도 강력하게 반대하고 있고, 여러 아프리카의 나라에서는 소위 미국에서 주는 원조가 끊어지는 한이 있어도 이것만은 안 하겠다, 우리는 게이가 아니라고 할 정도로 무세베니 대통령이나 무가베 대통령이나 이런 위대한 정치 지도자들, 그런 리더십이 있는데 우리나라에도 그런 지도자가 나와야 된다고 봅니다. 이제 대선이 불과 1년 조금 더 남았는데, 지금 대통령 후보군에 올라와 있는 분들 중 몇 분은, 동성애를 반드시 만들어내겠다고 하는 분들이 나오고 있지 않습니까?

그리고 세계적으로 이렇게 압력이 들어오는 이런 때 이것은 막아내기 어렵다, 이 변호사님께서 그렇게 말씀하셨는데, 대한민국에서는 이것을 반드시 막아내야 되고, 우리 기독교만이 아니라 기천불 전체가 지금 똑같은 마음이기 때문에 쉽게 무너지지 않아야 되고 무너지지 않으리라고 봅니다.

이변   네, 맞습니다. 지금 사실 국내외적으로 이 동성애 압박이 강하지만 목사님 말씀하신 것처럼 대국민을 상대로 동성애 문제와 실체들을 명확하게 알려 주고, 대국민 홍보와 또 교육을 꾸준히 해

나간다면 또 우리나라만큼은 이 부분을 이겨낼 수 있을 거다, 이렇게 말씀해 주신 걸로 정리하고 이규 목사님께서는 어떻게 생각하시는지요.

이규　　저는 역대하 7장 14절 말씀, 그 말씀을 생각합니다. 이 땅이 고쳐질 수 있는 유일한 방법은 하나님께서 고쳐 주셔야 된다 생각합니다. 그런데 하나님께서 고쳐 주시기 전에, 먼저 하나님의 이름으로 일컫는 백성이 스스로 낮추고 기도하고 하나님의 얼굴을 구하여 악한 길에서 떠나면 하나님께서 이 땅을 고쳐 주시겠다고 하셨거든요. 그런 면에서 사실 이 퀴어 축제로 인하여 한국 교회가 연합되고 기도하게 된다는 것은 상당히 긍정적인 일이 아닌가 생각합니다.

　저는 역발상으로 오히려 위기가 한국 교회를 다시 한 번 기도의 자리, 회개의 자리, 선교의 자리로 나아가게 하는 계기가 될 것이란 생각을 합니다. 이 회개와 연합이 일어나는 데 있어서 이것은 어차피 동성애의 어떤 법, 입법의 문제 또 인권위원회의 어떤 법률의 문제, 그리고 사상과 문화의 문제라고 한다면 각 영역이 하나님이 세우신 기독 정치인들과 하나님께서 세우신 그 역할을 하는 사람들이 이번 기회로 인해서, 그야말로 에스더와 같이 죽으면 죽으리라는 각오를 가지고 한국 교회를 지키고 복음을 지켜야 되겠다는 결단이 필요합니다. 그런 정치인들을 세울 수 있는 기회가, 또 옥석이 가려질 수 있는 기회가 이번이 아닌가 생각을 해 봅니다.

또 하나는 한국 교회 전체가 이번 일로 인해서 연합을 이뤄서 동성애는 물론 한국 사회 전체에 흐르고 있는 세속화, 퇴폐와 향락주의와 맞설 수 있는 진리를 수호할 수 있는 그룹들로 설 수 있는 기회, 그런 연합이 일었으면 하는 마음이 있습니다. 더 거시적으로는 한국 사회의 보수적인 신앙을 떠나서 보수적 가치를 갖고 있는 사람들과 긍정적인 연대를 통해 통일 한국을 준비할 수 있는, 또 선교 한국을 감당할 수 있는 공동체가 될 수 있도록 우리 한국 교회가 앞서서 주도적으로 한국 사회를 이끌었으면 하는 바람이 있습니다.

이변　　　네. 내일 6월 11일 퀴어 축제가 서울 시청에서 열리는데요, 우리 성도들에게 꼭 당부하고 싶은 말씀 한 마디씩 짧게 해 주시면 감사하겠습니다.

박　　　네, 내일 오후 2시부터 대한문 광장에서 한국 교회 기도회가 2시간 동안 이루어집니다. 그리고 4시부터 국민대회가 진행되는데, 물론 뭐 다들 바쁘지만 먼 산 불구경하듯이 내가 아니라도 다른 사람들이 다 하니까 이런 생각하지 말고 목사님들께서 우선 힘을 써 주시고, 성도들을 독려해서 꼭 나와 같이 이 집회에 참석해 주십시오.

이규   우리가 이렇게 광장에 모여서 기도하고 했던 것이 1973년도 여의도 광장에서 그 엄청난 한국 교회의 부흥이 시작될 때, 그 광장에서 그야말로 회개하며 부흥을 갈망했던 것처럼 하나님이 우리가 어떻게 보면 수동적이기는 하지만 이 일로 이렇게 광장에 모여서 한국 교회 전체가 기도할 수 있는 기회가 된 것 아니겠습니까. 저는 이것을 하나님께서 우리에게 주시는 또 하나의 기회가 아닌가 생각합니다. 한국 교회 성도님들이 전부 광장으로 나와서 동성애를 넘어서 한국 사회 전체를 향한 간절한 부르짖음의 중보가 꼭 있었으면 합니다.

    로마서 12장의 선으로 악을 이기라고 하신 말씀처럼 우리가 똑같이 대응하는 것이 아니라 하나님 앞에 그야말로 회개해서 기도한다면 하나님이 하늘의 문을 여시고 이 땅을 고쳐 주실 줄 믿습니다.

이변   할렐루야. 동성애 문제를 계기로 정말 두 분 목사님 말씀하신 것처럼 한국 교회가 정말 하나가 되어 가고 있고, 이때처럼 우리가 서울 시청에서 기도를 하고, 전국에 모여서 부르짖었던 적이 없지 않습니까. 이 동성애 문제가 사실 위기이지만 동시에 영적으로 보면 상당한 기회이고 동성애 이슈를 통해 한국 교회가 영적으로 하나가 되고 기도함으로 통일 한국의 길을 여는 그런 기회로 우리가 삼을 수 있다면 말 그대로 전화위복의 기회가 될 거라는 확신이 듭니다.

작년이었죠. 미국에서 동성 결혼이 합법화되면서, 미국이라는 청교도가 세운 나라, 또 성경적 진리에 입각해서 세웠던 이 나라마저 동성 결혼이 합법화되는 장면을 보면서 마음이 무너졌던 기억이 지금 생생합니다. 이처럼 세상은 점점 계속해서 동성애를 인정하고 있고 또 동성애를 사랑으로 받아들이는 분위기입니다. 세상이 변하고는 있다고 하지만 그럼에도 변하지 말아야 할 것이 있습니다. 그것은 우리가 잘 알다시피 하나님의 말씀입니다.

하나님의 진리는 천 년 전에도 진리고, 앞으로 천 년 후에도 진리고, 영원무궁한 진리죠. 이것이 단지 다른 나라의 소식인 줄만 알았던 이제는 서울 시내 한복판에서 이루어지고 있습니다. 우리 한국 교회가 함께 한마음 한뜻으로 기도해야 하는 이유입니다.

우리가 잘 알다시피 무지개는 동성애를 찬양하는 깃발의 색이 아닙니다. 이것은 하나님께서 주신 언약의 상징입니다. 죄로 인해서 하나님과 인간 사이에 벌어진 틈을 범죄 이전보다 더 아름답게 메꾸어 주신 언약의 상징입니다. 무지개 깃발을 흔들며 환호하는 그들의 축제에서 우리는 정말 가슴을 찢고 회개하는 마음으로 함께 하나님 앞에 기도해야 합니다.